Arsène Lupin

Partie 2

MAURICE LEBLANC

Adaptation : Frédéric de Lavenne de Choulot

La version originale est publiée en : 1907

Droits d'adaptation réservés

ISBN : 9798418371034

LES AUTRES ADAPTATIONS DISPONIBLES :

https://amzn.to/3jwSZ9j

- Les Trois Mousquetaires, d'Alexandre Dumas, partie 1
- Les Fourberies de Scapin, de Molière, complet
- Arsène Lupin, de Maurice Leblanc, partie 1, 2 et 3
- Le Comte de Monte-Cristo, d'Alexandre Dumas, 1 et 2
- Les Misérables, de Victor Hugo, partie 1
- Candide, de Voltaire, partie 1
- Madame Bovary, de Gustave Flaubert, partie 1
- Bel-Ami, Guy de Maupassant, partie 1
- Biographie de Napoléon, partie 1
- Les Liaisons dangereuses, Choderlos de Laclos, partie 1
- Dom Juan, de Molière, complet

ÊTRE EN CONTACT :

Peux-tu me laisser un commentaire sur amazon

en cliquant ici : https://amzn.to/3tTeVQs

et par email : frederic.de.choulot@gmail.com

Chapitre I

Le mystérieux voyageur

Un autre problème m'intrigue. Ce problème ne me concerne pas directement, mais sa solution **éveille ma curiosité**[1] de professionnel. Quelles sont les intentions de mon compagnon ?

Si j'avais été seul, il aurait eu le temps, à Rouen, de descendre tranquillement. Mais la dame ? Quand la porte sera ouverte, immédiatement, cette dame qui est extrêmement prudente et silencieuse en ce moment, va crier, va s'agiter, et va appeler à l'aide !

C'est la cause de mon incompréhension ! Pourquoi il ne l'attache pas, comme moi, cela lui donnerait l'opportunité de disparaître facilement avant qu'on découvre son double méfait[2] ?

---

[1] éveille ma curiosité = awakens / arouses my curiosity
[2] un méfait = a mischief / wrongdoing (un fait = a fact)

Il fume toujours, les yeux fixés sur la fenêtre : la pluie devient de plus en plus forte dehors. Cependant, une fois il se retourne, prend ma montre et la consulte. La dame, elle, fait un effort pour rester inconsciente, pour rassurer son ennemi. Mais elle tousse[3] à cause de la fumée ce qui prouve qu'elle n'est pas réellement évanouie.

Pour ma part, je suis très **mal à l'aise**[4], et je ressens une fatigue musculaire. Je réfléchis… je cherche une solution…

Pont-de-L'arche, Oissel… Le train avance rapidement, joyeux, à pleine vitesse.

Saint-Étienne… À cet instant, l'homme se lève, et fait deux pas vers nous. Cela provoque un nouveau cri de la dame et un évanouissement[5] non simulé.

Mais quel est l'objectif de cet homme ? Il baisse la fenêtre de notre côté. La pluie est maintenant très forte. Son geste montre qu'il est ennuyé de ne pas avoir de parapluie ou de manteau. Il regarde les bagages : le repas de la dame est là. Il le prend. Il prend également mon manteau et se le met sur le dos.

Nous passons au-dessus de la Seine. L'homme se prépare, ajuste son pantalon puis **se penche**[6] et commence à ouvrir légèrement la porte.

Va-t-il sauter du train ? À cette vitesse, s'il fait cela, il va mourir

---

[3] tousser = to cough
[4] mal à l'aise = ''not at ease'' / uncomfortable
[5] un évanouissement = a fainting
[6] se pencher = to bend

c'est certain. On entre dans le tunnel. L'homme ouvre la porte et pose le pied sur la première marche. Quelle folie ! L'obscurité, la fumée, le bruit, tout cela donne une apparence fantastique. Mais, soudain, le train freine[7]. En une minute, la vitesse est déjà très réduite. Peut-être **des travaux**[8] de consolidation avaient été planifiés dans cette partie du tunnel, ce qui nécessite un passage lent des trains. L'homme, sûrement, le savait.

Alors, il pose l'autre pied sur la marche, descend sur la seconde marche et s'échappe tranquillement, en fermant soigneusement[9] la porte.

Quelques secondes plus tard, nous sortons du tunnel. Nous arrivons dans une vallée. Encore un dernier tunnel et nous arrivons à Rouen.

Immédiatement la dame **reprend conscience**[10] et sa première action est de se plaindre de la perte de ses bijoux. Je l'implore de mes yeux. Elle comprend et libère ma bouche. Elle veut aussi me détacher[11], mais je l'en empêche[12].

- « Non, non, il faut que la police voit la situation comme cela. Je désire donner toutes les informations possibles sur ce bandit. »

- « Je sonne l'alarme ? »

- « Trop tard, **il aurait fallu**[13] **y penser** durant l'attaque. »

---

[7] freiner = to brake / to slow down
[8] des travaux = works / construction works
[9] soigneusement = carefully
[10] reprend conscience = regains consciousness
[11] détacher = detach / untie
[12] empêcher = to prevent / to stop
[13] il aurait fallu y penser = we should have thought of that

- « Mais il m'aurait tuée ! Ah ! monsieur, je vous l'avais dit qu'il voyageait dans ce train ! Je l'ai reconnu immédiatement. Et maintenant il est parti avec mes bijoux. »

- « On va le retrouver, n'ayez pas peur. »

- « Retrouver Arsène Lupin ! Jamais. »

- « Cela dépend de vous, madame. Écoutez. Dès[14] l'arrivée, allez à la porte et appelez, criez. Des agents et des employés vont venir. Racontez ce que vous avez vu, en quelques mots, l'agression dont j'ai été victime et la fuite[15] d'Arsène Lupin. Donnez sa description, un chapeau mou[16], un parapluie – le vôtre – un manteau gris. »

- « Le vôtre », dit-elle.

- « Pourquoi le mien ? Non ! **le sien**[17]. Moi, je n'avais pas de manteau. »

- « J'ai eu l'impression qu'il n'avait pas de manteau quand il est monté dans le train. »

- « Si, si… **à moins que**[18] **ce soit** un manteau oublié par une autre personne. En tout cas, il l'avait quand il est descendu du train, et c'est là l'essentiel… un manteau gris, rappelez-vous… Ah ! j'allais oublier… dites votre nom, immédiatement. La haute fonction de votre époux[19] va stimuler la motivation de tous ces gens. »

---

[14] dès = from / as soon as
[15] la fuite = the escape
[16] mou = soft / floppy
[17] le sien = his / hers
[18] à moins que ce soit = unless it is ; grammaire : « à moins que » est toujours suivi du subjonctif
[19] un époux / une épouse = a spouse

On arrive. Elle se penche déjà à la porte. Je dis avec une voix un peu forte, presque impérieuse, pour que mes paroles entrent bien dans son cerveau :

- « Dites aussi mon nom, Guillaume Berlat. Si nécessaire, dites que vous me connaissez… Cela nous économisera[20] du temps… nous devons accélérer l'enquête[21] préliminaire… l'important, c'est la poursuite d'Arsène Lupin… vos bijoux… n'est-ce pas ? Guillaume Berlat, un ami de votre mari. »

- « Bien… Guillaume Berlat. »

Elle appelle déjà et s'agite. Le train n'est pas encore complètement arrêté mais un monsieur monte, suivi par plusieurs hommes. Le moment critique est imminent.

Essoufflée[22], la dame crie :

- « Arsène Lupin… il nous a attaqué… il a volé mes bijoux… Je suis madame Renaud… mon époux est sous-directeur des services pénitentiaires… ah, voilà justement[23] mon frère, Georges Ardelle, directeur de la banque de Rouen… vous devez savoir… »

Elle embrasse un jeune homme qui nous rejoint, que le commissaire salue, et elle dit, en pleurant :

- « Oui, Arsène Lupin… pendant que monsieur était en train de dormir, il l'a attaqué à la gorge[24]… Monsieur Berlat, un ami de mon mari. »

---

[20] économiser du temps = to save time ; économiser de l'argent = to save money
[21] une enquête = an investigation / a survey / an inquiry
[22] essoufflé = out of breath ; le souffle = the breath ; souffler = to blow / breathe
[23] justement = precisely
[24] la gorge = the throat

Le commissaire demande :

- « Mais où est-il, Arsène Lupin ? »

- « Il a sauté du train sous le tunnel, après la Seine. »

- « Êtes-vous sûre que c'était lui ? »

- « Oui j'en suis sûre ! Je l'ai reconnu parfaitement. D'ailleurs[25], on l'a vu à la gare Saint-Lazare. Il avait un chapeau mou... »

- « Ce n'était pas un **chapeau dur**[26], **comme celui-ci ?** » demande le commissaire, en désignant mon chapeau.

- « Un chapeau mou, je l'affirme », répète Mme Renaud, « et un manteau gris. »

- « En effet », murmure le commissaire, « le télégramme signale ce manteau gris avec un col[27] noir. »

- « Un col noir, exactement », crie Mme Renaud triomphante.

Je respire. Ah ! la brave, l'excellente amie que j'ai là ! Les agents pendant ce temps m'ont détaché. **Je me mords**[28] **les lèvres** violemment, **du sang coule**[29]. Fatigué, je dis au commissaire avec une voix faible :

- « Monsieur, c'était Arsène Lupin, il n'y a pas de doute... Il faut se dépêcher[30] et on le rattrapera... Je crois que je peux aider... »

---

[25] d'ailleurs = moreover / in fact
[26] un chapeau dur, comme celui-ci ? = a hard hat, like this one?
[27] un col noir = a black collar
[28] je me mords les lèvres = I bite my lips
[29] du sang coule = blood flows
[30] se dépêcher = to hurry

Le wagon, dans l'objectif d'être utilisé pour les observations de la justice, est détaché. Le train continue en direction de la ville du Havre. **Nous sommes menés**[31] **vers** le bureau du chef de gare, au milieu de la foule[32] de personnes curieuses.

À ce moment, j'hésite. Je pourrais utiliser un prétexte pour me séparer du groupe, rejoindre ma voiture et fuir. Attendre est dangereux.

Oui, mais comment retrouver mon voleur ? Je suis abandonné sans ressources, dans une région qui ne m'est pas très familière, je ne vais pas pouvoir le rejoindre.

« Bah ! Je vais prendre le risque », je me dis, « je reste. La partie[33] est difficile à gagner, mais si amusante à jouer ! Et **cela vaut la peine**[34]. »

Pendant qu'ils nous demandent de répéter nos dépositions, je propose :

- « Monsieur le commissaire, en ce moment, Arsène Lupin **prend de l'avance**[35]. Ma voiture est sur le parking. Si vous acceptez de monter à l'intérieur, nous pourrons essayer… »

Le commissaire sourit :

- « L'idée est très bonne… **tellement**[36] **bonne** qu'elle est déjà en cours d'exécution. »

---

[31] nous sommes menés vers = we are led to
[32] la foule = the crowd
[33] la partie = the game
[34] cela vaut la peine = it's worth it
[35] prend de l'avance = gets ahead
[36] tellement bonne = so good

- « Ah ! »

- « Oui, monsieur, deux de mes agents sont partis à bicyclette… il y a longtemps déjà. »

- « Mais où ? »

- « À l'entrée du tunnel. Là, ils vont collecter des informations, des témoignages[37], et pourront suivre Arsène Lupin. »

Après ces mots, je suis incapable de contrôler ma réaction :

- « Vos deux agents ne vont pas trouver d'informations ni témoignages. »

- « Vraiment ! »

- « Arsène Lupin est probablement sorti du tunnel sans que personne ne le voie, puis il est certainement allé en direction de la première route, puis il… »

- « Puis il va aller à Rouen, où nous allons le capturer »

- « Il ne va pas aller à Rouen. »

- « Alors, il va rester à proximité du tunnel où nous sommes encore plus sûrs de… »

- « Il ne restera pas à proximité du tunnel. »

- « Oh ! Oh ! Et donc, où va-t-il se cacher ? »

Je regarde ma montre.

- « À l'heure actuelle, Arsène Lupin est proche de la gare de Darnétal. À dix heures cinquante, c'est-à-dire dans vingt-deux minutes, il va prendre le train qui va en direction de Rouen, gare du

---

[37] un témoignage = a testimony

Nord, à Amiens. »

- « Vous en êtes sûr ? Et comment le savez-vous ? »

- « Oh ! c'est très simple. Dans notre wagon, Arsène Lupin a consulté les horaires de train. Pour quelle raison ? Il y a, proche du tunnel où il a disparu, une autre ligne, une gare sur cette ligne, et un train qui s'arrêtera à cette gare. Je viens juste de consulter les horaires, ils m'ont donné cette information. »

- « Honnêtement, monsieur, dit le commissaire, c'est une merveilleuse déduction. Quelle intelligence ! »

Ma démonstration est d'une si grande habileté que c'est une erreur de la faire. Le commissaire me regarde avec surprise, et je pense qu'il devient un peu suspicieux concernant mon identité. Oh ! Juste un peu, car les photographies envoyées par le tribunal représentent un Arsène Lupin trop différent de celui qu'il a devant lui, il est impossible de me reconnaître. Mais, cependant, il est confus, peut-être un peu inquiet[38].

Il y a un moment de silence. Cette ambiguïté ou incertitude arrête nos paroles. Moi-même, un frisson d'embarras interrompt mon calme habituel. La chance va-t-elle tourner contre moi ? J'arrive à me dominer et je me mets à rire.

- « Mon Dieu, rien ne stimule la compréhension autant que la perte d'un portefeuille et le désir de le récupérer. Je pense que si vous acceptez de me donner deux de vos agents, eux et moi, nous serons peut-être capables de… »

---

[38] inquiet = préoccupé = worried

- « Oh oui ! Monsieur le commissaire », dit Mme Renaud, « écoutez M. Berlat ».

L'intervention de mon excellente amie est décisive. Prononcé par elle, la femme d'un personnage influent, ce nom de Berlat devient réellement le mien et me donne une identité claire. Le commissaire déclare :

- « Je serais très heureux de votre succès monsieur Berlat. Comme vous, je veux qu'Arsène Lupin soit arrêté. »

Nous marchons ensemble jusqu'à la voiture. Deux de ses agents, Honoré Massol et Gaston Delivet, entrent dans la voiture avec moi. Je m'installe et démarre[39] le moteur. Quelques secondes après, nous quittons la gare. Je suis sauvé.

Ah ! Je confesse que traverser les boulevards de la ville, à bord de cette belle voiture de police, me rend fier de moi. À droite et à gauche, les arbres disparaissent derrière nous. Libre maintenant, hors de danger, je dois juste résoudre mes petits problèmes personnels, avec l'assistance des deux honnêtes policiers. Arsène Lupin à la recherche d'Arsène Lupin !

Chers amis policiers, Delivet Gaston et Massol Honoré, votre assistance est admirable et cruciale ! Sans vous, j'aurais tourné sur la mauvaise route ! Sans vous, Arsène Lupin faisait une erreur, et l'autre s'échappait !

Mais tout n'est pas fini. Absolument pas. Je dois capturer l'individu mais aussi récupérer personnellement les papiers qu'il m'a

---

[39] démarrer = to start

13

volés. Mes deux acolytes ne doivent pas avoir accès à ces documents. Leur assistance est une nécessité pour moi, mais aussi un danger. La tâche n'est pas simple !

À Darnétal, nous arrivons trois minutes après le départ du train. Cependant, j'ai la consolation d'apprendre qu'un homme avec un manteau gris à col noir, s'est installé dans le train en seconde classe, avec un ticket pour Amiens. Décidément[40], mes débuts comme policier promettent[41] une grande carrière.

Delivet me dit :

- « Le train est express et il fera un stop uniquement à Montérolier, dans dix-neuf minutes. Si nous n'arrivons pas avant Arsène Lupin, il peut continuer vers Amiens ou changer pour aller vers Clères, et de là, aller en direction de Dieppe ou Paris. »

- « Montérolier, quelle distance ? »

- « Vingt-trois kilomètres. »

- « Vingt-trois kilomètres en dix-neuf minutes… Nous arriverons avant lui. »

Quelle course excitante ! Je sens une connexion particulière avec la Moreau-Lepton, c'est une voiture rapide. J'ai l'impression que je lui communique mes désirs directement, sans utiliser les commandes. Elle comprend mon animosité contre ce bandit d'Arsène Lupin. Le vilain ! Le terrible ! Est-ce que je vais pouvoir le capturer ?

---

[40] Décidément = Decidedly
[41] promettre = to promise = to swear

- « À droite ! », crie Delivet, « À gauche !… Tout droit !… »

Nous avançons très vite. Les **panneaux de signalisation**[42] semblent être de petites **bêtes peureuses**[43] qui sont effrayées[44] à notre approche.

Et soudain, nous apercevons un tourbillon de fumée[45], c'est le train express du Nord.

Durant un kilomètre, c'est une confrontation, **côte à côte**[46], dont je suis certain de la victoire. À l'arrivée, nous gagnons de vingt mètres.

En quelques secondes, nous sommes sur le quai du train, devant les wagons de seconde classe. Les portes s'ouvrent. Des personnes descendent. Pas de signe du voleur. Nous inspectons les compartiments. Pas d'Arsène Lupin.

Sapristi[47] ! Il m'a certainement vu dans la voiture durant notre confrontation côte à côte, et il a sûrement sauté à l'extérieur du train.

Le chef de train confirme cette supposition. Il a vu un homme qui a sauté du train, à deux cents mètres de la gare.

- « Regardez, là-bas… l'homme qui traverse les rails ».

Je cours dans sa direction, accompagné de mes deux acolytes, ou en fait, accompagné de l'un d'eux, car l'autre, Massol, est un

---

[42] un panneau de signalisation = a road sign
[43] une bête peureuse = a fearful beast
[44] effrayés = afraid
[45] la fumée = the smoke
[46] côte à côte = side by side
[47] Saprisiti ! = Gosh!

coureur exceptionnel. En un instant, l'intervalle entre lui et le fugitif se réduit. L'homme le voit, **saute par-dessus**[48] **une haie** et accélère en direction d'une petite forêt.

Quand nous arrivons à la forêt, Massol nous y attend. Il a considéré inutile[49] de continuer, pour ne pas nous perdre.

- « Félicitations, mon cher ami », lui dis-je. « Après cette course[50], notre individu est sûrement très fatigué. Nous allons le capturer. »

J'examine **les environs**[51] et je réfléchis à la manière de procéder seul à l'arrestation du fugitif. Puis, je retourne en direction de mes compagnons.

- « Voilà, c'est facile. Vous, Massol, maintenez votre position à gauche. Vous, Delivet, à droite. Depuis votre position, vous verrez toute la ligne de sortie de la forêt. Il ne va pas pouvoir sortir, les deux côtés sont bloqués. Vous pouvez simplement attendre. Ah ! N'oubliez pas : en cas d'alerte, donnez un **coup de feu**[52]. »

Massol et Delivet vont chacun de leur côté. Immédiatement, je pénètre dans la forêt avec une grande précaution, pour ne pas être vu ou entendu. J'avance doucement à travers les branches des arbres.

Finalement, j'arrive sur une colline[53] avec une vieille maison

---

[48] saute par dessus une haie = jump over a hedge
[49] inutile = useless ; utile = useful / helpful
[50] une course = a race
[51] les environs = the surroundings
[52] un coup de feu = a gunshot
[53] une colline = a hill

abandonnée **au sommet**[54], à moitié démolie.

« Il est sûrement là », pensai-je. « C'est un bon point d'observation. »

J'avance discrètement en direction de la maison. **Un bruit léger**[55] m'informe de sa présence, et, quelques secondes plus tard, je le vois de dos, à l'intérieur de la maison.

En un instant j'arrive sur lui. Il essaye de me pointer avec le revolver qu'il a dans la main. Je le bloque et le force à terre, j'immobilise ensuite ses deux bras avec mes genoux :

- « Écoute, mon petit », lui dis-je à l'oreille, « je suis Arsène Lupin. Donne-moi immédiatement mon portefeuille et le sac de la dame… en échange, je te sauve. Je peux empêcher la police de te capturer et t'engager à mon service. Juste un seul mot : oui ou non ? »

- « Oui », murmure-t-il.

- « Parfait. Ton attaque, ce matin, était brillamment exécutée. Nous pourrons coopérer. »

Je me lève. Il cherche dans sa poche, saisit un grand couteau et essaie de m'attaquer.

- « Idiot ! » lui dis-je.

D'une main, j'arrête son attaque. De l'autre main, je lui donne un violent coup sur l'**artère carotide**[56], cela s'appelle la technique du « hook à la carotide ». Il tombe assommé[57].

---

[54] au sommet = at the top
[55] Un bruit léger = A light noise
[56] l'artère carotide = the carotid artery

17

Dans mon portefeuille, je trouve mes papiers et mes **billets de banque**[58]. Par curiosité, je prends le sien. Sur une enveloppe dont il est le destinataire, je lis son nom : Pierre Onfrey.

J'ai un frisson. Pierre Onfrey, l'assassin de la rue Lafontaine, à Auteuil ! Pierre Onfrey, celui qui a égorgé[59] Mme Delbois et ses deux filles. Je le regarde. Oui, c'est ce visage qui, dans le compartiment du train, **m'a rappelé le souvenir**[60] de ces traits déjà contemplés.

Mais le temps passe rapidement. Je mets dans une enveloppe deux billets de banque de cent francs et une carte avec ces mots :

« De la part d'Arsène Lupin à ses bons collègues Honoré Massol et Gaston Delivet, en signe de gratitude. »

Je place cela en évidence au milieu de la maison. À côté, je mets le sac de Mme Renaud. Je suis une personne correcte, je dois donc le restituer à l'excellente amie qui m'a sauvé.

Cependant, je confesse que je prends tout ce qui présente un intérêt. Je laisse seulement un peigne[61], et un portefeuille vide. **Les affaires sont les affaires**[62]. Et puis, vraiment, son mari a un métier qui n'est pas honorable !...

Et l'homme. Il commence à s'agiter. Que dois-je faire ? Je n'ai pas de raison de le sauver ni de le condamner.

---

[57] assommé = knocked out / stunned
[58] un billet de banque = a banknote / bill
[59] égorgé = to cut the throat ; la gorge = the throat
[60] m'a rappelé le souvenir = reminded me of the memory
[61] un peigne = a comb
[62] les affaires sont les affaires = business is business

Je lui prends ses armes et je donne un coup de feu vers le ciel avec le revolver.

- « Les deux policiers vont arriver », je pense, « je le laisse ici. Les événements vont s'accomplir dans le sens de son destin. »

Alors je m'éloigne[63] rapidement. Vingt minutes plus tard, je suis dans ma voiture.

À quatre heures, j'envoie un télégramme à mes amis de Rouen pour les informer qu'un incident imprévu[64] m'oblige à reporter[65] ma visite. Entre nous, je pense qu'en réalité, en raison de ce qu'ils doivent savoir maintenant, je suis dans l'obligation de reporter indéfiniment. Cruelle désillusion pour eux !

À six heures, je rentre à Paris par l'Isle-Adam, Enghien et la porte Bineau.

Les journaux du soir m'apprennent que l'on a finalement réussi à capturer Pierre Onfrey.

Le jour suivant – il faut toujours apprécier la bonne publicité – l'*Écho de France* publie cet article sensationnel :

« Hier, à proximité de Buchy, après de nombreux incidents, Arsène Lupin a opéré l'arrestation de Pierre Onfrey. L'assassin de la rue Lafontaine **venait juste**[66] de voler Mme Renaud, la femme du sous-directeur des services pénitentiaires, sur la ligne de train de Paris au Havre. Arsène Lupin a restitué à Mme Renaud le sac qui

---

[63] je m'éloigne = I walk away (étymologie : loin = far)
[64] imprévu = unforeseen ; prévu = foreseen ; prévoir = to foresee / predict
[65] reporter = to postpone
[66] Grammaire : venait juste + verbe = had just + verbe

contenait ses bijoux, et a récompensé généreusement les policiers qui l'ont assisté au cours de cette dramatique arrestation. »

Chapitre II

Le Collier de la Reine

Deux ou trois fois par an, à l'occasion de solennités importantes, comme par exemple le bal de l'ambassade d'Autriche ou les fêtes organisées par lady Billingstone, la comtesse de Dreux-Soubise met sur ses épaules « le Collier de la Reine ».

C'est le fameux collier, le collier légendaire que le cardinal de Rohan-Soubise avait pensé offrir à Marie-Antoinette, reine de France, mais que l'aventurière Jeanne de Valois a volé un soir de février 1785, avec l'assistance de son mari et de leur complice Rétaux de Villette. Une histoire extraordinaire !

Ce bijou historique restauré fait la fierté de la famille Dreux-

Soubise depuis approximativement un siècle. Diverses circonstances ont fait diminuer leur fortune, mais ils préfèrent toujours réduire leur qualité de vie **plutôt que**[1] de perdre le collier. En particulier, le comte en possession du bijou actuellement[2], lui attache une très grande importance. Par précaution, il le dépose dans un coffre[3] à la banque du Crédit Lyonnais. Il va le chercher en personne le jour où sa femme veut l'utiliser et retourne le déposer lui-même le jour suivant.

Un soir, à la réception du Palais de Castille - l'aventure **se déroule**[4] **il y a quelques années** - la comtesse a un énorme succès. La fête est organisée en l'honneur du roi Christian. Celui-ci note sa beauté exceptionnelle. Le collier apparait magnifique sur son cou gracieux. Ses diamants brillent. Elle est l'unique personne, il semble, qui ait la capacité de porter ce magnifique collier avec autant d'élégance et de noblesse.

C'est un double triomphe, que le comte de Dreux apprécie profondément. Il est très content. Il est extrêmement joyeux quand il retourne chez lui. Lui et sa femme vivent dans un hôtel du faubourg Saint-Germain. Il est fier de sa femme et également du bijou qui illustre sa maison depuis quatre générations. Sa femme est également très fière, presque arrogante, en correspondance à son amour pour la noblesse et la distinction.

Lorsqu'ils arrivent dans leur chambre, elle détache avec regret le

---

[1] plutôt que = rather than
[2] actuellement = currently
[3] un coffre = a trunk
[4] se déroule il y a quelques années = took place several years ago

collier de ses épaules et le donne à son mari. Il l'examine avec admiration, comme s'il le voyait pour la première fois. Puis, il le remet dans sa boîte rouge en cuir[5]. Comme toujours, il dissimule le collier dans une **boite à chapeau**[6]. Il ferme ensuite la porte pour aller dormir.

Au matin, il se lève vers neuf heures, avec l'intention d'aller, avant le déjeuner, au Crédit Lyonnais. Il boit sa tasse de café et descend **aux écuries**[7]. Là, il donne des ordres. Un des chevaux l'inquiète. Il le fait marcher et l'examine. Puis il retourne près de sa femme.

Elle est encore dans la chambre et se prépare, assistée de sa servante. Elle dit à son mari :

- « Vous sortez ? »

- « Oui… Vous savez pourquoi… »

- « Ah ! Oui… c'est plus prudent… »

Il pénètre dans la chambre. Mais, après quelques secondes, il demande calmement :

- « Vous l'avez pris, chère amie ? »

Elle réplique :

- « Comment ? Mais non, je ne l'ai pas pris. »

- « Vous l'avez changé de place. »

- « **Pas du tout**[8]… »

---

[5] cuir − leather
[6] boite à chapeau = hatbox
[7] une écurie = a stable
[8] Pas du tout = Not at all

Le comte est surpris et change de couleur. Il devient pâle. Il dit, avec une voix à peine[9] intelligible :

- « Vous n'avez pas ?… Ce n'est pas vous ?… Alors… »

Elle arrive **à toute vitesse**[10] et ils cherchent partout, mais le comte répète :

- « Inutile… tout ce que nous faisons est inutile… C'est ici, là, dans cette boite à chapeau, que j'ai mis le collier. »

- « Il est possible de faire une erreur. »

- « C'est ici, dans cette boite, pas une autre. »

Ils **allument une bougie**[11], car la chambre est assez obscure, et ils la vident[12] entièrement. Quand il n'y a plus rien à l'intérieur, ils sont forcés d'accepter avec désespoir que le fameux collier a disparu.

De nature réactive, la comtesse informe immédiatement le commissaire, M. Valorbe. Elle sait qu'il est un homme intelligent et clairvoyant. Après **être au courant**[13] des détails, **ce dernier**[14] demande :

- « Êtes-vous sûr, monsieur le comte, que personne n'a eu la possibilité de passer dans votre chambre durant la nuit ? »

- « Absolument sûr. **J'ai le sommeil léger**[15]. De plus, la porte

---

[9] à peine = barely
[10] à toute vitesse = at full speed / in a hurry
[11] ils allument une bougie = they light a candle
[12] vider = empty
[13] être au courant = to be aware
[14] ce dernier = the latter
[15] avoir le sommeil léger = to be a light sleeper

de cette chambre était verrouillée[16]. Je l'ai déverrouillé seulement ce matin. »

- « Et il n'existe pas d'autre accès pour s'introduire dans la chambre ? »

- « Aucun. »

- « Pas de fenêtre ? »

- « Si, mais cette fenêtre est bloquée. »

- « Je désire vérifier… »

On allume des bougies, et immédiatement M. Valorbe observe que la fenêtre **n'est bloquée qu'à mi-hauteur**[17], par un meuble.

- « Il touche suffisamment la fenêtre », réplique M. de Dreux. « Pour le déplacer, il serait nécessaire de faire beaucoup de bruit. »

- « Qu'est-ce qu'il y a derrière cette fenêtre ? »

- « Une petite **cour intérieure**[18]. »

- « Et il y a **un autre étage**[19] **au-dessus du vôtre** ? »

- « Deux, mais la cour est protégée par un **grillage**[20] très haut. C'est pourquoi notre chambre est obscure. »

D'ailleurs, quand ils déplacent le meuble, ils remarquent que la fenêtre est **close**[21]. Donc il est impossible que quelqu'un ait pénétré de l'extérieur.

---

[16] verrouillé = locked ; verrouiller = to lock
[17] n'est bloquée qu'à mi-hauteur = is only blocked at mid-height
[18] une cour intérieure = an inner courtyard / courtyard
[19] un autre étage au-dessus du vôtre ? = another floor above yours?
[20] un grillage = a fence
[21] close (/fermé) = closed / enclosed

- « Excepté si », observe le comte, « quelqu'un est entré par la fenêtre et sorti par notre chambre. »

- « Dans ce cas, la porte aurait été déverrouillée. » commente le commissaire.

Il réfléchit un instant, puis se tourne vers la comtesse :

- « Votre entourage savait-il, madame, que vous aviez porté ce collier hier soir ? »

- « Oui bien sûr, ce n'est pas un secret. Mais personne ne savait que nous le gardions ici, dans cette chambre. »

- « Personne ? »

- « Personne… excepté peut-être… »

- « S'il vous plaît, madame, précisez. C'est un point très important. »

Elle dit à son mari :

- « Je pense à Henriette. »

- « Henriette ? Elle ignore ce détail comme les autres. »

- « Es-tu certain ? »

- « Qui est cette dame ? » demande M. Valorbe.

- « Une amie que j'ai depuis le couvent[22], qui est entrée en conflit avec sa famille pour épouser un homme, une sorte d'ouvrier. Son mari est mort et je l'ai acceptée ici avec son fils. Ils vivent dans un appartement de cet hôtel. »

Puis elle ajoute avec embarras :

---

[22] un couvent = a convent

- « Elle m'assiste avec quelques services. Elle utilise ses mains avec grand talent. »

- « À quel étage réside-t-elle ? »

- « Au nôtre, à l'extrémité de ce couloir… Et maintenant que je pense à ça… la fenêtre de sa cuisine… »

- « Ouvre sur cette petite cour, **n'est-ce pas**[23] ? »

- « Oui, juste à l'opposé de la nôtre. »

Un léger silence suit cette déclaration.

Puis M. Valorbe demande à voir Henriette.

Lorsqu'ils arrivent, elle est en train de coudre[24]. Son fils Raoul, un enfant de sept ans, lit à ses côtés. Le commissaire est surpris de voir le misérable appartement où elle vit. Il se compose au total d'une pièce[25] sans cheminée et d'un espace utilisé comme cuisine. Elle semble très choquée lorsqu'elle apprend la nouvelle du vol. Hier soir, elle a elle-même habillé la comtesse et attaché le collier autour de son cou.

- « Mon Dieu ! » s'exclame-t-elle, « c'est impossible ! »

- « Et vous n'avez aucune idée ? Pas de doute ? Il est possible que le coupable[26] soit passé par votre chambre. »

Elle rit innocemment, sans imaginer pouvoir être suspecte :

- « Mais je ne suis pas sortie de ma chambre ! Je ne sors jamais, moi. Et en plus, est-ce que vous avez vu ? »

---

[23] n'est-ce pas ? = Isn't it?
[24] coudre = to sew
[25] une pièce = a room
[26] le coupable = the culprit

Elle ouvre la fenêtre.

- « Regardez, il y a au minimum trois mètres jusqu'à la fenêtre opposée. »

- « Qui vous a dit que nous considérons l'hypothèse du vol accompli par là ? »

- « Mais… le collier n'était pas dans la chambre avec les boîtes à chapeaux ? »

- « Comment le savez-vous ? »

- « Mais ! je sais depuis toujours qu'on le met ici la nuit… Vous en avez parlé devant moi… »

Sur son visage apparaît soudain, dans le silence, une expression de forte anxiété, comme si un danger était en train de la menacer. Elle prend son fils contre elle. L'enfant prend sa main.

- « Je suppose », dit M. de Dreux au commissaire, une fois qu'ils sont seuls, « je suppose que vous la suspectez ? Mais j'ai une confiance totale en elle, c'est une personne honnête. »

- « Oh ! Exactement, je suis de votre opinion », affirme M. Valorbe. « J'ai uniquement pensé à une complicité inconsciente. Mais j'admets que cette explication doit être abandonnée. De plus, elle ne résout pas le problème que nous avons. »

Le commissaire ne continue pas plus l'enquête. Le **juge d'instruction la reprend**[27] et la complète les jours suivants. On questionne les servants, on vérifie l'état du verrou[28], on fait des

---

[27] Le juge d'instruction la reprend = The investigating judge takes it back
[28] un verrou = a lock

expériences sur la fermeture et l'ouverture de la fenêtre de la chambre, on explore la petite chambre **de haut en bas**[29]... Toutes les recherches sont inutiles. Le verrou est intact. La fenêtre ne peut pas s'ouvrir ni se fermer de l'extérieur.

D'autres recherches sont faites plus spécialement sur Henriette, car, **malgré tout**[30], c'est le seul début d'explication possible. On investigue sur sa vie méticuleusement, et il est établi que, depuis trois ans, elle n'est sortie de l'hôtel que quatre fois, et les quatre fois pour des activités bien précises et vérifiables. En réalité, elle est la servante Mme de Dreux et celle-ci lui impose une grande rigueur que tous les domestiques décrivent en confidence.

- « En réalité », dit le juge d'instruction, après une semaine d'investigation pour arriver aux mêmes conclusions que le commissaire, « même si nous connaissions le coupable, et ce n'est absolument pas le cas, nous ne serions pas capable de connaître la manière dont le vol a été commis. Il y a deux obstacles majeurs : une porte et une fenêtre fermées. Le mystère est double ! Comment le voleur est-il entré ? Et comment, ce qui est beaucoup plus difficile, s'est-il échappé en laissant la porte verrouillée et une fenêtre fermée ? »

Après quatre mois d'investigations, l'idée cachée du juge est celle-ci : M. et Mme de Dreux, par besoin d'argent, ont vendu le Collier de la Reine. Il arrête les investigations.

Le vol du précieux bijou est une véritable tragédie pour les

---

[29] de haut en bas = from top to bottom
[30] malgré tout = despite all

Dreux-Soubise qui va les marquer pour longtemps. Leur crédit n'est plus supporté par la sorte de réserve qu'a été ce collier de grande valeur, ils ont beaucoup plus de mal à obtenir un emprunt[31]. Leur situation économique est désastreuse, même si par chance, ils vont être sauvés par deux gros héritages de la famille.

Ils souffrent à cause de leur vanité excessive. C'est comme s'ils avaient perdu leur titre de noblesse. C'est aussi Henriette qui souffre des conséquences de cette tragédie. La comtesse ressent[32] contre elle une véritable rancœur et l'accuse directement. D'abord, on la déplace à l'étage des servants, puis on se sépare d'elle sans donner d'explication.

Alors la vie continue, sans évènements notables.

Le seul évènement important durant cette période, qui surprend beaucoup la comtesse, est qu'elle reçoit une lettre d'Henriette :

Madame,

Je vous remercie infiniment. Car je suis certaine que c'est vous, qui m'avez envoyé cela ? C'est forcément[33] vous. Vous êtes la seule qui connaisse ma maison dans ce petit village. Si je fais une erreur, excusez-moi mais je suis encore **reconnaissante pour vos bontés passées[34]**…

C'est si étrange. La comtesse a été surtout[35] très injuste envers[36] Henriette. Pourquoi la remercier ?

---

[31] un emprunt = a loan ; emprunter = to borrow
[32] ressent = feels ; ressentir = to feel
[33] forcément = necessarily
[34] reconnaissante pour vos bontés passées = grateful for your past kindness
[35] surtout = above all
[36] envers = towards

La comtesse lui demande des explications. Henriette répond qu'elle a reçu par courrier, une enveloppe avec deux billets de mille francs. Cette enveloppe a un timbre[37] de Paris, et il n'y a que son adresse qui est écrite, avec une écriture[38] visiblement déguisée.

D'où viennent ces deux mille francs ? Qui les a envoyés ? La justice s'informe, mais ne trouve rien.

Puis, le même phénomène se reproduit 12 mois plus tard. Puis une troisième fois ; et une quatrième fois ; et chaque année durant six ans, avec cette différence que la cinquième et la sixième année, la somme double. Cet argent donne la chance à Henriette de **se soigner**[39], car elle est **tombée malade**[40].

Après six ans, Henriette meurt. L'énigme reste entière.

Tous ces évènements sont connus du public. L'affaire[41] est passionnante. Quel destin étrange pour ce collier. Après avoir produit un choc en France à la fin du XVIIIe siècle, il génère encore tant d'émotions 120 ans plus tard. Mais ce que je vais révéler maintenant n'est pas connu du public, juste par les principaux acteurs et certains amis du comte, qui ont promis de garder le secret. Étant donné qu'il est probable qu'un jour les amis du comte vont révéler le secret, je peux sans problème raconter l'histoire. De cette manière, je vais donner la clé[42] de l'énigme, l'explication de la lettre publiée par les journaux d'avant-hier matin. C'est une lettre

---

[37] un timbre = a stamp
[38] écriture = handwriting
[39] se soigner = to be treated
[40] tomber malade = to fall ill / to get sick
[41] l'affaire = the case / the matter / the business
[42] la clé = the key

extraordinaire qui ajoute encore, si c'est possible, un peu plus de mystère dans l'obscurité de ce drame.

Il y a cinq jours, les deux nièces de M. de Dreux-Soubise et sa cousine étaient invitées pour le déjeuner. Les hommes présents étaient : le président d'Essaville, le député[43] Bochas, le chevalier Floriani, originaire d'Italie et le général marquis de Rouzières.

Après le déjeuner, les dames ont servi le café et les hommes ont reçu l'autorisation de fumer une cigarette, à condition de rester dans le salon. Ils ont discuté. Puis ils ont parlé des crimes les plus fameux. Monsieur de Rouzières, qui aime taquiner[44] le comte, parle de l'aventure du collier, sujet de conversation dont M. de Dreux a horreur.

Immédiatement, tous donnent leur opinion et tous ont des hypothèses différentes. Toutes leurs hypothèses sont évidemment fausses.

- « Et vous, monsieur », demande la comtesse au chevalier Floriani, « quelle est votre opinion ? »

- « Oh ! Moi, je n'ai pas d'opinion, madame. »

Tout le monde est surpris. Le chevalier vient juste de raconter très brillamment diverses aventures. Il a participé à des évènements captivants avec son père, magistrat à Palerme, et tout le monde a observé sa clarté de jugement **ainsi que**[45] son intérêt pour ces questions.

---

[43] député = deputy
[44] taquiner = to tease / joke
[45] ainsi que = as well as

- « Il est vrai », dit-il, « que j'ai eu d'importants succès sur certains cas judiciaires. Mais je ne me considère pas comme un Sherlock Holmes… De plus, je connais très mal le cas. »

On regarde le comte. Sans enthousiasme, il décrit les faits. Le chevalier écoute, réfléchit, pose quelques questions et murmure :

- « C'est amusant… la solution semble simple. »

Le comte ne montre aucun intérêt. Mais les autres personnes écoutent attentivement le chevalier, qui continue :

- « En général, pour trouver un voleur, il faut déterminer comment le vol a été commis. Dans le cas actuel, c'est très simple, car il n'y a qu'une hypothèse possible. Nous avons une certitude unique : l'individu est entré par la porte de votre chambre ou par la fenêtre. Mais, il est impossible d'ouvrir une porte verrouillée depuis l'extérieur. Donc il est entré par la fenêtre. »

- « Elle était fermée et on l'a retrouvée bien fermée », déclare M. de Dreux.

- « Pour cela », continue Floriani sans **prêter attention**[46] à l'interruption du comte, « il a pu utiliser un pont[47], une planche[48] ou une échelle[49] pour accéder à la fenêtre. »

- « Mais je répète que la fenêtre était fermée ! » s'exclame le comte.

Cette fois Floriani doit répondre à l'objection du comte. Il le

---

[46] prêter attention = pay attention
[47] un pont = a bridge
[48] une planche = a plank
[49] une échelle = a ladder

fait avec une grande tranquillité.

- « Je veux croire qu'elle l'était, mais n'y a-t-il pas une petite fenêtre supérieure ? »

- « Comment le savez-vous ? »

- « D'abord, c'est presque toujours le cas dans les hôtels similaires au vôtre. De plus, c'est forcément le cas, autrement, le vol serait inexplicable. »

- « C'est vrai, il y en a une, mais elle est fermée également, comme la fenêtre. On n'y a pas prêté attention. »

- « C'est une erreur. Parce que, si on y avait prêté attention, on aurait vu évidemment qu'elle avait été ouverte. »

- « Et comment ? »

- « Je suppose que, comme les autres, elle s'ouvre grâce à un **fil métallique**[50] avec un anneau[51] à son extrémité ? »

- « Oui. »

- « Et cet anneau était entre la fenêtre et le meuble ? »

- « Oui, mais je ne comprends pas… »

- « Avec une fente[52] dans cette petite fenêtre, il a été possible, avec l'assistance d'un instrument, comme par exemple une **tige**[53] **métallique et un crochet**, d'atteindre l'anneau et d'ouvrir. »

---

[50] fil métallique = metallic thread
[51] un anneau = a ring
[52] une fente = a slot
[53] une tige métallique avec un crochet = a metal rod with a hook

Le comte rit :

- « Parfait ! parfait ! Vous avez un excellent raisonnement, cher monsieur, excepté un détail : il n'y a pas de fente dans la petite fenêtre supérieure. »

- « Il y a une fente. »

- « Nous n'avons rien vu. »

- **« Pour voir, il faut regarder**[54], et vous n'avez pas regardé. La fente existe, il est matériellement impossible qu'elle n'existe pas, le long de la fenêtre… dans la direction verticale, évidemment. »

Le comte se lève. Il est très nerveux. Il s'approche de Floriani et dit :

- « Rien n'a changé dans la chambre depuis ce jour… personne n'est entré. »

- « Dans ce cas, monsieur, vous pouvez facilement vérifier que mon explication est correcte. »

- « Elle ne correspond pas aux observations de la justice. Vous n'avez rien vu, vous ne savez rien. »

Floriani répond en souriant :

- « Mon Dieu, monsieur, j'essaye de voir clair, c'est tout. Si je fais une erreur, alors prouvez-le. »

- « Immédiatement… Et nous pourrons terminer cette conversation inutile. »

---

[54] Pour voir, il faut regarder = To see, you have to look

M. de Dreux avance en direction de la porte et sort.

Pas un mot n'est prononcé en son absence. On attend anxieusement, en silence. Une nouvelle vérité sera peut-être découverte.

Finalement, le comte réapparaît à la porte. Il est pâle et singulièrement agité. Il dit avec une voix anxieuse :

- « Je vous demande pardon… vos révélations sont extrêmement surprenantes… je ne pensais pas que… »

Impatiente, sa femme le questionne :

- « Parle… s'il-te-plaît… qu'y a-t-il ? »

Il répond :

- « La fente existe… le long de la fenêtre… »

Il prend brusquement le bras du chevalier et lui dit avec un **ton impérieux**[55] :

- « Et maintenant, monsieur, continuez… j'admets que vous avez raison ; mais après ? ce n'est pas terminé… répondez… Que s'est-il passé ? »

Floriani libère doucement son bras et après un instant déclare :

- « Selon[56] moi, voilà ce qui s'est passé : l'individu savait que Mme de Dreux allait au bal avec le collier. Pendant son absence, il a installé un pont pour accéder à la fenêtre. En observant par cette fenêtre, il vous a vu cacher le collier. Suite à votre départ, il a ouvert

---

[55] un ton impérieux = an imperious tone
[56] selon moi = according to me

la fenêtre avec l'anneau. »

- « D'accord mais, la distance est trop grande pour atteindre la poignée[57] de la fenêtre inférieure. »

- « Donc, le voleur n'est pas entré par la fenêtre principale mais par la petite fenêtre supérieure. »

- « Impossible. Il n'y a pas d'homme assez mince[58] pour entrer par là. »

- « Alors ce n'est pas un homme. »

- « Comment ! »

- « Si l'entrée est trop petite pour un homme, alors c'est un enfant. »

- « Un enfant ! »

- « Vous avez dit que votre amie Henriette avait un fils ? »

- « C'est vrai… un fils nommé Raoul. »

- « C'est très probablement Raoul qui a commis le vol. »

- « Est-ce que vous avez des preuves ? »

- « Des preuves ?… oui… Celle-là, par exemple… »

Il réfléchit quelques secondes. Et déclare :

- « Par exemple, le pont pour accéder à la fenêtre, il est impossible que l'enfant l'ait fait entrer et sortir de l'extérieur sans

---

[57] la poignée = the handle
[58] mince = thin

être vu. Alors, il a dû utiliser ce qui était à sa disposition. Dans l'espace où Henriette cuisine, il y a, je crois, des planches attachées au mur pour mettre les casseroles ? »

- « Deux planches, oui. »

- « Il faut regarder si ces planches sont réellement attachées au mur. Dans le cas contraire, cela nous autorise à penser que l'enfant les a détachées. Aussi, peut-être qu'on peut trouver le crochet qu'il a utilisé. »

Le comte reste silencieux et sort du salon. Cette fois, les invités sont moins anxieux. Ils sont absolument sûrs que les projections de Floriani sont exactes. Floriani transmet cette impression de certitude très rigoureuse.

Ainsi, personne n'est surpris lorsque, à son retour, le comte déclare :

- « C'est l'enfant, c'est lui, tout l'atteste. »

- « Vous avez vu les planches… le crochet ? »

- « J'ai vu… les planches ont été détachées… le crochet est encore là. »

Mme de Dreux-Soubise s'exclame :

- « C'est lui… mais c'est surtout sa mère. Henriette est la coupable. Elle a sûrement obligé son fils… »

- « Non », affirme le chevalier, « la mère est innocente. »

- « **N'importe quoi**[59] ! Ils vivaient dans la même chambre,

Henriette, l'a forcément vu. »

- « Ils vivaient dans la même chambre, mais le vol s'est passé dans votre chambre, pendant la nuit. La mère était en train de dormir. »

- « Et le collier ? » dit le comte, « comment l'enfant l'a dissimulé ? »

- « L'enfant est sorti, il allait à l'école. La justice, plutôt que persister contre la mère innocente, aurait dû vérifier dans les affaires de l'enfant, dans ses livres de classe. »

- « D'accord, mais ces deux mille francs que Henriette a reçus chaque année, cela prouve sa complicité. »

- « Dans ce cas, pourquoi elle vous dirait merci pour cet argent ? De plus, elle était surveillée en permanence. Au contraire, l'enfant est libre, lui. Il est tranquillement allé en ville pour vendre les diamants petit à petit… »

Un malaise indéfinissable oppresse les Dreux-Soubise et leurs invités. Vraiment, il y a dans le ton de Floriani, dans l'attitude, plus que de la certitude : il y a de l'ironie. Cette ironie apparaît plus hostile que sympathique.

Le comte se force à rire.

- « Tout cela est très intelligent ! Mes compliments ! Quelle imagination brillante ! »

- « Mais non, mais non », s'exclame Floriani avec plus de gravité dans la voix, « je n'imagine pas. Je décris des évènements qui

---

[59] n'importe quoi ! = nonsense! / whatever!

se sont produits inévitablement de cette manière. »

- « Comment pouvez-vous être si sûr ? »

- « C'est ce que vous avez dit qui me donne cette certitude. J'imagine la vie de la mère et de l'enfant. La mère tombe malade, les ruses et les inventions du petit enfant pour vendre les diamants et sauver sa mère. Plus tard, elle meurt. Des années passent. L'enfant grandit, devient un homme. Pour cette fois, j'admets que c'est mon imagination qui s'exprime : je suppose que cet homme ressent la nécessité de retourner dans l'hôtel où il a vécu son enfance, qu'il veut revoir le comte et la comtesse, les personnes qui ont accusé sa mère… Pouvez-vous imaginer la scène ? »

Ses paroles sont suivies d'un silence durant plusieurs secondes. Sur le visage de M. et Mme de Dreux, on observe l'effort pour comprendre. **En même temps**[60], il y a la peur de réellement comprendre. Le comte murmure :

- « Qui êtes-vous, monsieur ? »

- « Moi ? Je suis le chevalier Floriani. Nous nous sommes rencontrés à Palerme. Vous avez eu l'amabilité de m'inviter chez vous déjà plusieurs fois. »

- « Alors que signifie cette histoire ? »

- « Oh ! Mais ce n'est rien ! C'est un simple jeu. J'essaie d'imaginer la joie du fils d'Henriette dans cette situation. Imaginez qu'il vous annonce qu'il est le seul coupable et qu'il a commis le vol parce que sa mère était malheureuse. Sa mère était malheureuse car

---

[60] en même temps = at the same time ; erreur typique : "à le même temps"

elle allait perdre sa position de... servante. Parce que l'enfant a souffert de cette situation. »

Il s'exprime avec émotion. Aucun doute ne subsiste. Le chevalier Floriani est le fils d'Henriette. Tout, dans son attitude, dans ses paroles, le montre. Il est même évident que sa volonté est de révéler son identité.

Le comte hésite. Comment répondre à cet audacieux personnage ? Provoquer un scandale ? Démasquer[61] son voleur ? Mais cela fait si longtemps ! Personne ne va croire cette histoire absurde avec un enfant coupable. Non, il est préférable d'accepter la situation. Il décide de prétendre qu'il ne comprend pas le véritable sens du message. Le comte s'approche de Floriani et s'exclame joyeusement :

- « Très amusante, très curieuse, votre fiction. C'est très intéressant. Mais alors, continuez. Qu'est devenu ce bon jeune homme, ce fils modèle ? J'espère qu'il a continué dans cette voie. »

- « Oh ! Certainement ! »

- « C'est vrai ! Après un tel début ! Prendre le collier de la Reine à six ans, le fameux collier que Marie-Antoinette voulait ! »

- « C'est vrai », observe Floriani, « il a pris le collier sans aucun problème. Personne n'a eu l'idée d'examiner l'état des fenêtres. Admettez que cela peut donner des idées à un enfant de son âge. C'est si facile ? **Il suffit**[62] de vouloir et de prendre ? Il suffit de **tendre la main**[63] ? »

---

[61] démasquer = unmask
[62] il suffit de vouloir = it is enough to / you only have to

- « Et il a tendu la main. »

- « Les deux mains », dit le chevalier en riant.

Il y a un frisson dans la salle. La vie du supposé Chevalier Floriani semble mystérieuse. Son existence semble extraordinaire. C'est un aventurier, brillant voleur à six ans, qui, aujourd'hui, est ici, devant sa victime. C'est audacieux et fou, mais en même temps, il communique avec beaucoup de courtoisie et de raffinement !

Il se lève et s'approche de la comtesse pour dire au revoir.

Elle reste immobile, mais on peut sentir son désir de **le rejeter**[64]. Il sourit.

- « Oh ! Madame, vous avez peur ! J'espère que ma petite comédie ne vous a pas troublée ? »

Elle domine ses émotions et répond avec la même insolence un peu ironique :

- « Mais non, monsieur. La légende de ce fils, au contraire, m'a beaucoup intéressée, et je suis contente que mon collier ait une destinée aussi brillante. Mais ne croyez-vous pas que le fils de cette… femme, de cette Henriette, obéissait surtout à sa vocation de bandit ? »

Il a un frisson, il sent l'ironie, et répond :

- « J'en suis sûr. Cette vocation est sérieuse. Le collier n'était pas une motivation si importante. »

- « Pourquoi cela ? »

---

[63] tendre la main = to extend a hand = to reach out
[64] le rejeter = reject him

- « Mais, vous le savez, le collier portait surtout des faux diamants. »

- « Oui mais, c'est quand même le Collier de la Reine, monsieur », dit la comtesse **avec dédain**[65]. « C'est ce que le fils d'Henriette ne comprend pas. »

- « Il comprend sans doute, madame, que vrai ou faux, le collier est avant tout un objet superficiel, de parade. »

- « Monsieur », dit-elle, « si l'homme dont vous parlez est une personne correcte... »

Elle s'arrête, intimidée par le calme de Floriani. Il répète :

- « Si cet homme est une personne correcte ?... »

Elle sent qu'être grossière[66] ne va rien lui faire gagner. Donc, malgré elle, malgré son sentiment d'humiliation, malgré sa colère et son indignation, elle lui répond presque poliment :

- « Monsieur, la légende dit que Rétaux de Villette, quand il a obtenu le Collier de la Reine, a volé les diamants avec Jeanne de Valois, mais il n'a pas osé[67] toucher à la monture[68]. Il avait. compris que les diamants étaient uniquement la décoration, le superficiel. Cependant, la monture est **l'œuvre essentielle**[69], la grande création de l'artiste, et il l'a respectée. Pensez-vous que cet homme, le nouveau propriétaire, a compris cela ? »

- « Je suis sûr que l'enfant l'a respectée. »

---

[65] avec dédain = with disdain (/ avec arrogance)
[66] grossière / grossier = rude
[67] oser = to dare
[68] la monture : partie d'un objet pour fixer les autres éléments = the frame
[69] l'œuvre essentielle = the essential work

- « Parfait ! Monsieur, si vous le voyez, dites-lui qu'il conserve injustement[70] un objet qui représente la gloire[71] d'une famille. Il a pris les diamants mais le Collier de la Reine pourrait continuer d'être la propriété de la famille Dreux-Soubise. Il est important pour nous comme notre nom, comme notre honneur. »

Le chevalier répond simplement :

- « Je vais lui dire, madame. »

Il dit au revoir à tout le monde et sort.

Quatre jours après, Mme de Dreux trouve sur la table de sa chambre une boîte rouge en cuir. Elle l'ouvre. C'est le Collier de la Reine.

Mais parce que toutes les choses doivent, dans la vie d'un homme cohérent et logique, participer au même but — et qu'un peu de publicité est toujours bonne à prendre — le jour suivant l'*Écho de France* publie ces lignes sensationnelles :

« Le Collier de la Reine, le fameux bijou volé autrefois[72] à la famille de Dreux-Soubise, a été retrouvé par Arsène Lupin. Arsène Lupin l'a rapidement restitué[73] à ses propriétaires légitimes. Il faut applaudir ce geste noble et chevaleresque[74]. »

---

[70] injustement = unfairly /unjustly
[71] la gloire = the glory
[72] autrefois = formerly / in the old days
[73] restituer / redonner = to return
[74] chevaleresque (digne d'un chevalier / généreux) = chivalrous

Chapitre III

Le sept de cœur

Beaucoup de gens me questionnent : « Comment avez-vous connu Arsène Lupin ? »

Personne ne doute du fait que je le connaisse. En effet, les détails que j'accumule sur cet homme déconcertant, les faits irréfutables que j'expose, l'interprétation que je donne de certains de ses actes en pénétrant les raisons secrètes et le mécanisme invisible ; tout cela prouve, non pas une intimité, car Arsène Lupin rend impossible cela, mais une relation amicale et certaines confidences fréquentes.

Mais comment l'ai-je connu ? Pourquoi suis-je son historiographe ? Pourquoi moi et pas un autre ?

La réponse est facile : les circonstances de la vie ont décidé. Je n'ai aucun mérite. Ce sont les circonstances qui m'ont mis sur sa route. Ce sont les circonstances qui m'ont impliqué dans l'une de ses plus étranges et mystérieuses aventures. Et ce sont les circonstances qui ont fait que j'ai été acteur dans un drame dont il a été le magnifique **metteur en scène**[1]. Un drame obscur et complexe, composé d'épisodes très singuliers. Tellement singuliers que je suis embarrassé au moment de les raconter.

Le premier acte se déroule pendant cette fameuse nuit du 22 au 23 juin, dont on a beaucoup parlé dans les journaux. L'attitude anormale que j'ai eu en cette occasion est due à **l'état d'esprit**[2] très spécial que j'avais lorsque je suis arrivé chez moi. Voici donc l'histoire :

Nous mangions entre amis au restaurant de la Cascade. Toute la soirée, nous fumions et un orchestre jouait de la musique mélancolique. Nous parlions de crimes et de vols, d'intrigues qui font peur. C'est une très mauvaise préparation pour dormir.

Monsieur et madame Saint-Martin **s'en vont**[3] en voiture, Jean Daspry – ce charmant Daspry qui six mois plus tard, va mourir de manière tragique sur la frontière du Maroc – Jean Daspry et moi retournons chez nous **à pied**[4] dans la nuit obscure et chaude. Quand nous arrivons devant le petit hôtel où j'habite depuis un an à Neuilly, sur le boulevard Maillot, il me dit :

- « Vous n'avez jamais peur ? »

---

[1] un metteur en scène = stage director / director
[2] l'état d'esprit = the state of mind
[3] ils s'en vont = ils partent
[4] à pied = on foot

- « Quelle idée ! »

- « Mon Dieu, cet hôtel est vraiment isolé ! pas de voisins[5]… Vraiment, je ne suis pas peureux[6], et cependant… »

- « Eh bien ! vos pensées sont noires ?! »

- « Oh ! je dis cela comme je dirais autre chose. Monsieur et madame Saint-Martin m'ont impressionné avec leurs histoires de bandits. »

Il me dit au revoir et s'éloigne. J'ouvre la porte.

- « Ah ? », dis-je. « Antoine n'a pas allumé de bougie. »

Soudain je me rappelle : Antoine est absent. Il est en vacances.

Immédiatement, l'obscurité et le silence me sont déplaisants. Je monte jusqu'à ma chambre, dans le noir, le plus rapidement possible, puis, contrairement à mon habitude, je verrouille la porte avec le verrou et la clé. J'allume une bougie.

La lumière de la bougie me calme. Cependant, je ressens le besoin de prendre mon revolver et de le poser à côté de mon lit. Cette précaution me rassure complètement. Comme toujours, pour m'endormir, je saisis mon livre sur la table de nuit.

Tout à coup[7], je suis choqué. À la place du **marque-page**[8] dans le livre, je trouve une enveloppe. Un peu nerveux, je l'ouvre rapidement. Au-dessus, mon adresse, mon nom et mon prénom sont écrits, accompagnés de cette mention :

---

[5] voisins = neighbours
[6] peureux = fearful coward
[7] tout à coup = soudain
[8] un marque-page = a bookmark

« Urgent. »

Une lettre ! Une lettre à mon nom ! Qui l'a mise ici ? Je lis :

« À partir du moment où vous commencerez à lire cette lettre, **quoi qu'il arrive**[9], ne bougez plus, ne faites pas un geste, ne criez pas. Autrement, vous êtes perdu. »

Moi non plus je ne suis pas un peureux, et, en général, je sais conserver mon calme en cas de danger réel. Mais je le répète, ce soir-là, avec mon état mental anormal, je suis plus facilement impressionnable. De plus, bien sûr, ces évènements sont bizarres et inexplicables. Je pense qu'ils auraient fait peur même à un homme très courageux.

J'entre dans un stress profond, je lis plusieurs fois les phrases menaçantes... « ne faites pas un geste... ne criez pas... autrement vous êtes perdu... » Ah ah ! c'est certainement **une farce, une blague**[10] ?

Je suis sur le point[11] **de rire**, je voudrais même rire **à haute voix**[12]. Qui m'en empêche ? Une peur indécise.

Mais je pourrais au moins éteindre la bougie ? Non, je ne peux pas. « Pas un geste, ou vous êtes perdu », il est écrit.

Mais pourquoi combattre contre ces autosuggestions ? Je ne sais pas. Je dois juste fermer les yeux. Je ferme les yeux.

Au même moment, j'entends un bruit léger dans le silence, puis

---

[9] quoi qu'il arrive = whatever happens ; quoi que = whatever (/although)
[10] une farce = a prank ; une blague = a joke
[11] Je suis sur le point de rire = I'm about to laugh
[12] à haute voix = aloud

des craquements[13]. Ils viennent, il me semble, de la grande salle où est installé mon cabinet de travail. Je suis séparé de cette salle uniquement par un couloir.

L'approche de ce réel danger me rend très nerveux, et j'ai la sensation que je vais me lever, prendre mon revolver, me précipiter dans la salle ! Je ne me lève pas : devant moi, un des rideaux[14] a bougé.

Le doute n'est pas possible : il a bougé. Il bouge encore ! Et je vois – oh ! je vois cela distinctement – il y a entre les rideaux et la fenêtre, dans ce petit espace, une forme humaine.

L'homme me voit, c'est certain. Il me voit **à travers**[15] les rideaux. Maintenant, je comprends tout. Pendant que les autres prennent le butin[16], la mission de celui-là est de me garder silencieux. Devrais-je me lever ? Prendre le revolver ? Impossible… Il est là ! Si je fais un geste, si je crie, je suis perdu.

Des bruits violents font vibrer la maison. J'ai l'impression que les voleurs utilisent un marteau[17]. C'est un véritable brouhaha[18]. Cela prouve que les voleurs n'ont pas peur, ils opèrent en sécurité.

Et ils ont raison : je ne bouge pas. **Est-ce par lâcheté**[19] ? Je ne crois pas. C'est peut-être par intelligence. Pourquoi risquer ma vie ? Derrière cet homme, il y en a sûrement dix autres. Je ne vais pas

---

[13] craquements (masculin) = cracking
[14] rideaux (masculin) = curtains
[15] à travers = through
[16] le butin = the loot / booty
[17] un marteau = a hammer
[18] le brouhaha = le tumulte de bruits
[19] Est-ce par lâcheté ? = Is it out of cowardice?

mourir pour sauver quelques objets.

Ainsi, toute la nuit, cette torture mentale continue. Je suis stressé, anxieux, c'est horrible ! Et l'homme ! L'homme me regarde, l'arme dans la main ! Mon regard effrayé ne le quitte pas.

Et tout à coup, un sentiment de joie pénètre en moi : la voiture d'un artisan, que j'ai l'habitude d'entendre, passe sur le boulevard. J'ai aussi l'impression que **le jour se lève**[20] et que la lumière du soleil commence à entrer par la fenêtre.

Alors j'avance un bras en direction de la table, doucement, sournoisement[21]. Derrière les rideaux, rien ne bouge. Je marque de mes yeux l'endroit précis où je dois viser[22]. Je prépare mon attaque mentalement et les mouvements que je dois exécuter. Soudain, je prends rapidement mon revolver et je tire.

Je sors de mon lit avec un cri et je m'approche rapidement du rideau. Je regarde derrière, et quelle stupéfaction ! Je n'ai pas touché l'homme… pour la bonne raison qu'il n'y a personne ici.

Personne ! Alors, toute la nuit, j'ai été hypnotisé par la forme du rideau ? Et pendant ce temps, des bandits ont… Furieux, j'avance rapidement en direction de la porte, je tourne la clé, j'ouvre, je traverse le couloir, j'ouvre une seconde porte, et j'entre dans la salle.

Et là… je suis stupéfait. Je reste immobile. Je suis encore plus surpris que par l'absence de l'homme derrière les rideaux : rien n'a

---

[20] le jour se lève = the day rises
[21] sournoisement = slyly
[22] viser = to target

disparu. Toutes mes choses sont là. Mes meubles, mes objets de valeur… tout est à sa place !

Spectacle incompréhensible ! **Je n'en crois pas mes yeux**[23] ! Pourtant ce brouhaha, ce bruit infernal ? J'inspecte toute la salle, les murs, je vérifie la présence de tous ces objets que je connais parfaitement. Tout est là ! Et ce qui me déconcerte le plus, c'est que rien ne révèle la visite des bandits, aucun indice[24] !

« Non, non… mais je ne suis pas un fou », me dis-je, « j'ai entendu des bruits !… »

Centimètre par centimètre, avec les procédés d'investigation les plus méticuleux, je continue d'examiner la pièce. Mais mes efforts sont inutiles. Excepté… mais puis-je vraiment considérer cela comme une découverte ? Sur le sol, je trouve une carte, **une carte à jouer**[25]. C'est un **sept de cœur**[26], identique à tous les sept de cœur des jeux de cartes français, mais avec un détail curieux. Les pointes extrêmes des sept cœurs rouges sont **percés de trous**[27].

Voilà. Une carte à jouer et une lettre trouvée dans un livre. Rien de plus. Est-ce suffisant pour affirmer que ce n'est pas mon imagination qui a tout inventé ?

Toute la journée, je continue mes investigations dans le salon. C'est une très grande salle en comparaison avec la taille de l'hôtel. Sa conception, son organisation et sa décoration sont assez bizarres. Il

---

[23] Expression : je n'en crois pas mes yeux = I can't believe my eyes
[24] un indice = a clue
[25] Une carte à jouer = a playing card
[26] sept de cœur = seven of hearts
[27] percés de trous = pierced with holes

51

y a une grande **mosaïque représentant un roi**[28] et une seule vaste fenêtre.

Cette fenêtre est toujours ouverte pendant la nuit, il est probable que les hommes soient entrés par là, à l'aide d'une échelle. Mais, ici encore, aucune certitude. Il n'y a pas de traces d'échelle sur le **sol en terre battue**[29] de la cour. Il n'y a pas non plus de traces du passage des bandits dans l'herbe autour de l'hôtel.

Je préfère ne pas contacter la police, tellement les faits que je dois exposer sont absurdes. On va rire de moi. Mais deux jours plus tard, comme chaque semaine, je publie un article au *Gil Blas*, où je travaille actuellement. Obsédé par mon aventure, je décide de la raconter entièrement.

L'article **ne passe pas inaperçu**[30], mais je vois bien qu'on ne le prend pas sérieusement. On le considère comme une fantaisie, pas comme une histoire réelle. Monsieur et madame Saint-Martin se moquent de moi. Daspry, cependant, qui a une certaine expertise sur ces sujets, me rend visite. Je lui explique le cas, il l'examine… sans succès.

Mais, un des jours suivants, **on sonne à la porte**[31]. Mon assistant Antoine vient m'informer qu'un monsieur désire me parler. Il a refusé de donner son nom. Je lui dis de le faire entrer.

C'est un homme d'approximativement 40 ans, cheveux bruns, avec un visage énergique.

---

[28] une mosaïque représentant un roi = a mosaic representing a king
[29] un sol en terre battue = a dirt floor
[30] ne passe pas inaperçu = does not go unnoticed
[31] on sonne à la porte = someone rings at the door

Sans introduction, il me dit :

- « Monsieur, en voyage, dans un café, j'ai lu votre article dans le *Gil Blas*. Il m'a intéressé… beaucoup. »

- « Je vous remercie. »

- « Alors je suis revenu. »

- « Ah ! »

- « Oui, pour vous parler. Tous les faits que vous avez racontés sont-ils exacts ? »

- « Absolument exacts. »

- « Rien n'est de votre invention ? »

- « Absolument rien. »

- « Dans ce cas, j'ai peut-être des informations à vous donner. »

- « Je vous écoute. »

- « Non. »

- « Comment, non ? »

- « Avant de parler, je dois vérifier que vos informations sont exactes. »

- « Comment allez-vous vérifier ? »

- « Il faut que je reste seul dans cette pièce. »

- « Je ne sais pas… »

- « Il y a une hypothèse que j'ai faite en lisant votre article. Certains détails établissent une coïncidence vraiment extraordinaire avec une autre aventure que le hasard m'a révélé. Si je fais erreur, il est préférable que je **garde le silence**[32]. Et l'unique manière d'être sûr est que je reste seul ici… »

Que signifie cette proposition ? Plus tard, je me suis rappelé que lorsqu'il l'a formulée, l'homme avait une expression anxieuse sur le visage. Mais, à ce moment-là, ma forte curiosité me stimule !

Je réponds :

-   « D'accord. Combien de temps ? »

-   « Oh ! trois minutes, pas plus. D'ici trois minutes, je vous rejoins. »

Je sors de la pièce. En bas, je regarde ma montre. Une minute passe. Deux minutes… Pourquoi est-ce que je me sens oppressé ?

Deux minutes **et demie**[33]… Deux minutes **trois quarts**[34]… Et soudain j'entends un coup de feu.

En quelques secondes je monte à l'étage et j'entre.

Un cri d'horreur m'échappe[35].

Au milieu de la salle, l'homme est mort sur le sol. Il s'est suicidé. Près de sa main, son revolver **fume encore**[36].

Mais quelque chose me stupéfait encore plus dans cet horrible spectacle. C'est ce quelque chose qui fait que je n'appelle pas **au secours**[37] immédiatement. À côté de lui, sur le sol, il y a un sept de

---

[32] garder le silence = remain silent
[33] deux minutes et demie = two minutes and a half
[34] trois quart = three quarters
[35] m'échappe = escapes me
[36] fume encore = is still smoking
[37] au secours = help

cœur !

Je le ramasse[38]. Les sept extrémités des sept marques rouges sont percées de trous…

Une demi-heure après, le commissaire de police de Neuilly arrive, puis le médecin légiste, puis le chef de la Sûreté, M. Dudouis. Bien sûr, je n'ai pas touché au cadavre. Rien ne peut fausser[39] les premières observations.

Elles sont rapides, on ne découvre rien, ou presque rien. Dans les vêtements du mort, aucun papier, aucun nom. Il n'y a pas d'indice pour établir son identité. Et dans la salle, le même ordre qu'avant. Les meubles n'ont pas bougé, les objets sont toujours à leur place. La mosaïque aussi. Cependant, cet homme n'était pas venu chez moi avec l'unique intention de se tuer, et parce qu'il jugeait que mon domicile est le meilleur endroit pour son suicide ! Il est certain qu'une autre raison l'a motivé à cet acte de désespoir. De plus, cette raison semble être le résultat d'un fait nouveau, observé par cet homme, durant les trois minutes où il était seul.

Quel fait ? Qu'a-t-il vu ? Quel terrible secret a-t-il trouvé ? Il n'y a aucun indice.

Mais, au dernier moment, un incident se produit, qui nous semble d'un intérêt considérable. Lorsque deux agents se baissent pour prendre le corps et le mettre sur un brancard[40], ils réalisent que la main gauche, qui était encore fermée nerveusement, s'ouvre pour

---

[38] ramasser = pick up / collect
[39] fausser = to distort (étymologie commune avec « faux »)
[40] un brancard = a stretcher

révéler une carte de visite à l'intérieur.

Sur cette carte est écrit : *Georges Andermatt, 37, rue de Berri.*

Qu'est-ce que cela signifie ? Georges Andermatt est un grand banquier de Paris, fondateur et président de ce Comptoir des Métaux, cette organisation qui a donné une forte impulsion aux industries métallurgiques de France. C'est un homme riche avec un **niveau de vie élevé**[41], extravagant. Ses réunions publiques sont très suivies. Sa femme, Mme Andermatt, est une référence en termes de grâce et de beauté.

- « Est-ce le nom du mort ? » dis-je. Le policier regarde :

- « Ce n'est pas lui. M. Andermatt est un homme pâle. »

- « Mais pourquoi cette carte ? »

- « Peut-on utiliser votre téléphone, monsieur ? »

- « Oui, accompagnez moi s'il vous plaît. »

Il compose le numéro présent sur la carte de visite.

- « M. Andermatt est-il chez lui ? Dites-lui que M. Dudouis lui demande de venir rapidement au 102 boulevard Maillot. C'est urgent. »

Vingt minutes plus tard, M. Andermatt arrive. On lui expose les raisons qui nécessitent son intervention, puis on lui montre le cadavre.

Il a une seconde d'émotion qui contracte son visage et murmure :

---

[41] un niveau de vie élevé = a high standard of living

- « Étienne Varin. »

- « Vous l'avez connu ? »

- « Non… enfin oui… mais **je le connais seulement de vue**[42]. Son frère… »

- « Il a un frère ? »

- « Oui, Alfred Varin… Son frère est venu autrefois me solliciter… je ne sais plus pourquoi… »

- « Où vit-t-il ? »

- « Les deux frères vivaient ensemble… rue de Provence, je crois. »

- « Et vous n'avez pas de supposition concernant la raison de son suicide ? »

- « Aucune. »

- « Cependant cette carte qu'il a dans sa main ?… Votre carte avec votre adresse ! »

- « Je ne comprends pas. C'est évidemment[43] une coïncidence. Les investigations nous expliqueront tout cela. »

Une coïncidence très curieuse, pensai-je, et je sens que nous avons tous la même impression.

Cette impression se trouve aussi dans les journaux le jour suivant, et parmi[44] tous les amis avec qui j'échange à propos de cette aventure. Cette histoire est très mystérieuse. Après la double

---

[42] je le connais seulement de vue = I only know him by sight
[43] évidemment = obviously
[44] parmi = among

découverte, très déconcertante, de ce sept de cœur sept fois percé, après les deux évènements énigmatiques qui **ont eu lieu**[45] chez moi, cette carte de visite semble finalement un indice intéressant.

Mais, **contrairement aux attentes**[46], M. Andermatt ne fournit[47] aucune indication.

- « J'ai dit ce que je savais », répète-il. « Que voulez-vous de plus ? Je suis le premier surpris. Je ne sais pas pourquoi cette carte est là. J'attends comme tout le monde que l'on trouve pourquoi. »

On ne trouvera pas pourquoi. L'enquête établit que les frères Varin, Suisses d'origine, ont eu une vie tumultueuse de bandits. Au numéro 24 de la rue de Provence où les frères Varin ont habité six ans plus tôt, les voisins ignorent ce qu'ils sont devenus.

Je confesse que, pour ma part, ce cas me semble tellement confus que je ne crois pas à la possibilité d'une solution. Alors, j'essaie de ne pas y penser. Mais Jean Daspry, au contraire, que je vois régulièrement, se passionne chaque jour un peu plus.

Un jour, il m'informe de l'existence de cet article d'un journal étranger que toute la presse reproduit et commente :

« En présence de l'Empereur, et dans un lieu conservé secret jusqu'à la dernière minute, on va procéder aux premiers tests d'un sous-marin[48] qui va révolutionner les conditions futures de la **guerre navale**[49]. *Une indiscrétion nous en a révélé son nom : il s'appelle Le Sept-de-cœurs.*

---

[45] ont eu lieu = have taken place / happened
[46] contrairement aux attentes = contrary to expectations
[47] fournir = provide
[48] un sous-marin = a submarine
[49] une guerre navale = a naval warfare

Le *Sept-de-cœur* ? Est-ce une coïncidence ? Ou est-ce que je dois établir une connexion entre le nom de ce sous-marin et les incidents que j'ai mentionnés ? Mais une connexion de quelle nature ? Comment connecter ce qui s'est passé ici avec ce qui se passe là-bas ?

-   « Comment savoir ? » me dit Daspry. « Des effets disparates peuvent venir d'une cause unique. »

Deux jours plus tard, un autre article nous arrive :

*Nous croyons que les plans du Sept-de-cœur, le sous-marin dont les expériences vont commencer bientôt, ont été exécutés par des ingénieurs français. Ces ingénieurs, après avoir sollicité en vain l'assistance de leurs compatriotes, auraient contacté, sans plus de succès, l'**Amirauté anglaise**[50].*

Je n'ose pas insister sur des faits de nature extrêmement délicate, et qui ont causé une émotion considérable. Cependant, il n'y a aucun danger à mentionner l'article de *l'Écho de France*, qui a été très commenté et lu, et qui apporte au cas du Sept-de-cœur, quelques clartés… confuses.

Le voici, **tel qu'il**[51] **est publié** sous la signature de Salvator :

« Un peu de lumière dans l'affaire du « Sept-de-Cœur »

« Nous allons être brefs. Il y a dix ans, un jeune ingénieur de l'école des mines, Louis Lacombe, qui désirait utiliser son temps et sa fortune pour ses études, démissionne[52] et loue[53], au numéro 102, boulevard Maillot, un petit

---

[50] l'Amirauté anglaise = the English Admiralty
[51] tel qu'il est publié = as it is published
[52] démissionner = resign
[53] louer = to rent

hôtel à un comte italien. Deux individus travaillent avec lui, les frères Varin, de Lausanne. Un l'assiste dans ses expériences, et l'autre lui cherche des clients. Par l'intermédiaire des frères Varin, il entre en contact avec M. Georges Andermatt, qui vient juste de créer le Comptoir des Métaux.

« Après plusieurs entrevues[54], M. Andermatt s'intéresse à un projet de sous-marin sur lequel il travaille. Ils décident que, une fois l'invention prête, M. Andermatt utilisera son influence pour obtenir du ministère de la Marine une série de tests.

« Durant deux années, Louis Lacombe fréquente assidûment l'hôtel Andermatt et informe ce banquier des améliorations pour son projet. Un jour, satisfait de son travail, il demande à M. Andermatt d'utiliser son influence.

*« Ce jour-là, Louis Lacombe dîne chez les Andermatt. **Il s'en va**[55], le soir, vers onze heures et demie. Il a disparu depuis.*

« Dans les journaux de l'époque, il est écrit que la famille du jeune ingénieur fait appel à la justice et au tribunal. Mais on n'arrive à aucune certitude, et il est admis que Louis Lacombe, qui semble être un homme original et impulsif, est parti en voyage sans en informer personne.

« Acceptons cette hypothèse… improbable. Mais il y a une question, très importante pour la France : où sont les plans du sous-marin ? Louis Lacombe les a-t-il conservés ? Sont-ils détruits ?

« De l'enquête[56] très sérieuse que nous avons faite, il résulte que ces plans existent. Les frères Varin ont eu ces plans entre les mains. Comment ? Nous n'avons pas encore été capable de l'établir. Nous ne savons pas pourquoi ils

---

[54] une entrevue = an interview / meeting
[55] il s'en va = he leaves
[56] l'enquête = l'investigation

n'ont pas essayé de les vendre. Est-ce qu'ils avaient peur qu'on leur demande comment ils étaient arrivés en leur possession ? En tout cas, cette peur n'a pas persisté, et nous pouvons avec certitude affirmer ceci : les plans de Louis Lacombe sont aujourd'hui la propriété d'un pays étranger, et nous avons la possibilité de publier la correspondance échangée à ce sujet entre les frères Varin et le représentant[57] de ce pays. Actuellement, le Sept-de-cœur imaginé par Louis Lacombe est réalisé par nos voisins.

Et un post-scriptum ajoute :

*« Dernière minute. – Nos informations nous permettent d'annoncer que les tests du Sept-de-cœur ne sont pas satisfaisants. Il est probable que dans les plans livrés par les frères Varin, il manque le dernier document donné par Louis Lacombe à M. Andermatt le soir de sa disparition. Ce document est indispensable pour la compréhension totale du projet. Sans ce document synthétique, les plans sont imparfaits ; **de même que**[58], sans les plans, le document est inutile.*

« Donc il est encore temps d'agir[59] et de récupérer notre propriété. Pour cette mission difficile, l'assistance de M. Andermatt va être cruciale. Il doit expliquer l'attitude ambigüe qu'il a eu depuis le commencement. Il doit dire pourquoi il n'a pas raconté ce qu'il savait au moment du suicide d'Étienne Varin, mais aussi pourquoi il n'a jamais révélé la disparition des papiers, car il avait cette information. Il doit dire pourquoi, depuis six ans, il fait surveiller les frères Varin par des agents.

« Nous attendons de lui, non pas seulement des paroles, mais aussi des

---

[57] le représentant = the representative
[58] de même que = as well as
[59] agir = to act ; réagir = to react

actes. Sinon… »

Ce dernier mot représente une menace brutale. Mais quel **moyen**[60] **d'intimidation** Salvator, l'auteur… anonyme de l'article, a-t-il sur Andermatt ?

Un grand nombre de reporters visite le banquier, et dix interviews expriment le dédain avec lequel il répond à cette accusation. Un peu plus tard, le correspondant de l'*Écho de France* lui répond par cette ligne :

« D'accord ou non, M. Andermatt est, **dès à présent**[61]*, notre collaborateur dans le travail que nous faisons. »*

Le jour où cette réponse est publiée, Daspry et moi dînons ensemble. Le soir, nous examinons les journaux et discutons de l'affaire.

Et soudain, sans que mon domestique m'informe de sa visite, la porte s'ouvre, et une dame entre, avec un voile[62] sur le visage.

Je me lève immédiatement. Elle me dit :

- « C'est vous, monsieur, qui vivez ici ? »

- « Oui, madame, mais… »

- « La porte métallique sur le boulevard n'est pas fermée », explique-t-elle.

- « Mais la porte du vestibule ? »

Elle ne répond pas. J'imagine qu'elle a utilisé **l'escalier de**

---

[60] un moyen d'intimidation = a means of intimidation
[61] dès à présent = from now
[62] un voile = a veil

service[63].

Il y a un silence embarrassé. Elle regarde Daspry. Malgré moi, je lui présente. Puis, je lui demande de s'asseoir et de m'exposer l'objectif de sa visite.

Elle enlève son voile, je vois qu'elle est brune[64], de visage régulier. Elle est très belle, d'un charme infini. Ses yeux sont magnifiques, des **yeux graves qui expriment la douleur**[65].

Elle dit simplement :

- « Je suis madame Andermatt. »

- « Madame Andermatt ! » dis-je, de plus en plus surpris.

Un nouveau silence s'installe, et elle reprend d'une voix calme et plus tranquille :

- « Je viens au sujet de cette affaire… que vous savez. J'ai besoin de certaines informations… »

- « Mon Dieu, madame, je n'ai pas plus d'informations que ce qui est dans les journaux. Comment puis-je vous être utile ? »

- « Je ne sais pas… Je ne sais pas… »

À cet instant, je réalise que son calme est artificiel, et que, sous cette apparence de sécurité parfaite, se cache un grand trouble. Il y a un autre silence, nous sommes gênés[66].

Mais Daspry, en observateur depuis le début, s'approche et lui dit :

---

[63] l'escalier de service = the backstairs
[64] brune = brown hair
[65] des yeux graves qui expriment la douleur = serious eyes that express pain
[66] être gêné = être embarrassé (synonymes)

- « Puis-je, madame, vous poser quelques questions ? »

- « Oh ! oui », s'exclame-t-elle, « comme ça, je parlerai. »

- « Vous répondrez… à toutes les questions ? »

- « Absolument toutes. »

Il réfléchit et déclare :

- « Vous connaissez Louis Lacombe ? »

- « Oui, par mon mari. »

- « Quand l'avez-vous vu pour la dernière fois ? »

- « Le soir où il a dîné chez nous. »

- « Ce soir-là, avez-vous eu l'impression qu'il allait disparaître ? »

- « Non. Il a mentionné une possibilité de voyage en Russie, mais très vaguement ! »

- « Vous aviez planifié de le revoir ? »

- « Deux jours plus tard, à dîner. »

- « Et comment expliquez-vous cette disparition ? »

- « Je ne l'explique pas. »

- « Et M. Andermatt ? »

- « Je l'ignore. »

- « Cependant vous êtes… »

- « Ne me questionnez pas sur ce sujet. »

- « L'article de l'*Écho de France* semble dire… »

- « Ce qu'il semble dire, c'est que les frères Varin sont

impliqués dans cette disparition. »

- « Est-ce votre opinion ? »

- « Oui. »

- « Pourquoi cette conviction ? »

- « Lorsqu'il nous a quitté, Louis Lacombe avait un dossier[67] qui contenait tous les papiers relatifs à son projet. Deux jours plus tard, il y a eu une entrevue entre mon mari et l'un des frères Varin, celui qui est en vie, durant laquelle mon mari a reçu la preuve que ces papiers étaient **entre les mains**[68] des deux frères. »

- « Et il ne les a pas dénoncés ? »

- « Non. »

- « Pourquoi ? »

- « Parce que, dans le dossier, il y a aussi autre chose que les papiers de Louis Lacombe. »

- « Quoi ? »

Elle hésite, répond presque, puis finalement garde le silence. Daspry continue :

- « C'est donc pour cette raison que votre mari, sans informer la police, fait surveiller les deux frères. Il espère récupérer les papiers et cette chose... compromettante[69] grâce à laquelle les deux frères lui font du chantage[70] »

---

[67] un dossier = a file / a folder
[68] entre les mains = in the hands
[69] compromettant(e) = compromising
[70] le chantage = blackmail

- « Sur lui… et sur moi. »

- « Ah ! sur vous aussi ? »

- « Sur moi principalement. »

Daspry l'observe, semble réfléchir, et demande :

- « Vous avez écrit à Louis Lacombe ? »

- « Oui… mon mari était en relation… »

- « À part les lettres officielles, avez-vous écrit à Louis Lacombe… d'autres lettres ? Excusez mon insistance, mais il est indispensable de connaître toute la vérité. Avez-vous écrit d'autres lettres ? »

Elle devient **toute rouge**[71] et murmure :

- « Oui. »

- « Et ce sont ces lettres que possèdent les frères Varin ? »

- « Oui. »

- « M. Andermatt est donc informé ? »

- « Il n'a pas vu les lettres, mais Alfred Varin lui a révélé leur existence. Il menace de les publier si mon mari agit contre eux. Mon mari a peur… il a peur du scandale. »

- « Alors il fait tout ce qui est possible pour récupérer ces lettres. »

- « Il fait tout ce qui est possible… je le suppose, car, après cette dernière entrevue avec Alfred Varin, il m'a expliqué la situation avec quelques mots très violents et nous n'avons plus communiqué

---

[71] toute rouge = all red / blushing

intimement. Il n'y a plus de confiance. »

- « Dans ce cas, vous n'avez rien à perdre, pourquoi avez-vous peur ? »

- « Je suis peut-être froide mais je suis la femme qu'il a aimée, la femme qu'il aurait continué d'aimer – oh ! cela, j'en suis certaine », murmure-t-elle d'une voix ardente, « il aurait continué de m'aimer, s'il n'avait pas trouvé ces lettres… »

- « Comment ! Il a réussi… Mais les deux frères n'avaient pas pris des précautions ? »

- « Oui, et ils assuraient avoir une excellente cachette[72]. »

- « Alors ?… »

- « Je pense que mon mari a découvert cette cachette ! »

- « Où se trouve-elle ? »

- « Ici. »

Je sursaute[73].

- « Ici ? »

- « Oui, j'en suis sûre. Louis Lacombe, très ingénieux, passionné de mécanique, pour s'amuser avait l'habitude de construire des coffres[74] et des verrous. Les frères Varin l'ont probablement vu et, **par la suite**[75], ont utilisé une de ces cachettes pour dissimuler les lettres… et d'autres choses sûrement. »

---

[72] une cachette = hiding place ; étymologie commune avec le verbe : cacher
[73] sursauter = to startle / to jump from surprise ; sauter = to jump
[74] un coffre = a trunk
[75] par la suite = ensuite

- « Mais ils n'ont pas habité ici », je m'exclame.

- « Avant votre arrivée, il y a quatre mois, cet hôtel était vide. Ils y sont certainement retournés, et ils ont pensé que votre présence ne serait un problème le jour où ils allaient avoir besoin de récupérer leurs papiers. Mais mon mari, durant la nuit du 22 au 23 juin, est entré dans votre maison, a récupéré les lettres et a laissé sa carte pour démontrer aux deux frères qu'il n'avait plus peur d'eux et que les rôles changeaient. Le surlendemain[76], informé par l'article du *Gil Blas*, Étienne Varin se présente chez vous, reste seul dans ce salon, trouve le coffre vide, et se suicide. »

Après un instant, Daspry demande :

- « C'est une simple supposition, n'est-ce pas ? M. Andermatt ne vous a rien dit ? »

- « Non. »

- « Son attitude a-t-elle changé ? Est-ce qu'il est maintenant plus distant, plus anxieux ? »

- « Non. »

- « Si ce n'est pas le cas, je pense qu'il n'a pas les lettres ! Pour moi, ce n'est pas lui qui est entré ici. »

- « Mais qui alors ? »

- « Le personnage mystérieux qui contrôle cette affaire pour un objectif que ne nous ne pouvons pas encore comprendre. Ce personnage mystérieux, nous sentons son action visible et **toute-puissante**[77] depuis la première heure. C'est lui et ses amis qui sont

---

[76] le surlendemain = deux jours plus tard ; le lendemain = un jour plus tard

entrés dans cet hôtel le 22 juin, c'est lui qui a découvert la cachette, c'est lui qui a laissé la carte de M. Andermatt, c'est lui qui a entre les mains la correspondance et les preuves de la trahison des frères Varin. »

- « Qui, lui ? » dis-je, avec impatience.

- « Le correspondant de l'*Écho de France*, ce Salvator ! C'est une certitude ! Il donne dans son article des détails que seul un homme qui connaît tous les secrets des deux frères peut connaître. »

- « Dans ce cas », dit Mme Andermatt effrayée, « il a aussi mes lettres, et c'est maintenant lui qui menace mon mari ! Que dois-je faire, mon Dieu ! »

- « Écrivez-lui », déclare clairement Daspry, « expliquez-lui la situation. Racontez-lui les informations que vous avez et comment vous pouvez l'assister. »

- « Que dites-vous ! »

- « Vous et lui avez le même intérêt. Il est absolument certain qu'il agit contre le survivant[78] des deux frères. Ce n'est pas contre M. Andermatt qu'il combat, mais contre Alfred Varin. Aidez-le. »

- « Comment ? »

- « Votre mari a-t-il ce document manquant[79] qui permet d'utiliser les plans de Louis Lacombe ? »

- « Oui. »

---

[77] toute-puissante = almighty
[78] le survivant = the survivor
[79] manquant = missing

- « Donnez cette information à Salvator. Si nécessaire, transmettez-lui ce document. Bref[80], entrez en correspondance avec lui. Que risquez-vous ? »

Le conseil est audacieux, même dangereux **à première vue**[81] ; mais Mme Andermatt n'a pas le choix. Si ce personnage mystérieux est un ennemi, cette action ne va pas aggraver la situation. Si c'est un étranger qui a un objectif particulier, ces lettres ont probablement une importance secondaire pour lui.

En tout cas, il y a ici une idée d'ouverture. Mme Andermatt, qui est dans une situation compliquée, est très contente d'essayer. Elle nous remercie avec enthousiasme, et promet de nous **tenir au courant**[82].

Deux jours plus tard, effectivement, elle nous envoie ce mot qu'elle a reçu en réponse :

*« Les lettres n'y étaient pas. Mais je les aurai, soyez tranquille. **Je vais m'en occuper**[83]. S.*

Je prends le papier. C'est la même écriture de la note que l'on avait mise comme marque-page dans mon livre, le soir du 22 juin.

Daspry a donc raison, Salvator est bien le grand organisateur de cette affaire.

En réalité, nous commençons à voir un peu de lumière dans l'obscurité. Certains points sont plus clairs et d'autres restent

---

[80] bref = in short
[81] à première vue = at first glance
[82] tenir au courant = keep posted
[83] je vais m'en occuper = I will take care of it

obscurs, comme la découverte des deux sept de cœur ! Personnellement, je pense constamment à cela. Je suis peut-être trop intrigué par cet évènement. Quel rôle jouent les sept de cœur dans ce drame ? Quelle importance ont-ils ? Pourquoi le sous-marin construit sur les plans de Louis Lacombe a-t-il le nom de *Sept-de-cœur* ?

Daspry, lui, n'est pas très intéressé par les Sept de cœur. Il est concentré sur l'analyse d'un autre problème qui lui semble plus urgent : il cherche la fameuse cachette.

- « Nous allons voir », dit-il, « je peux peut-être trouver les lettres que Salvator n'a pas trouvées… par inadvertance peut-être. Il est improbable que les frères Varin aient récupéré les lettres car elles étaient en sécurité dans la cachette. »

Il cherche. Bientôt, il a inspecté toute la grande salle. Il continue ses investigations dans le reste de la maison : il examine l'intérieur et l'extérieur, **les pierres et les briques des murs**[84] et le toit[85].

Un jour, il arrive avec une pioche[86] et une pelle[87], me donne la pelle, garde la pioche et, désigne le terrain vide à côté de la maison :

- « Allons-y. »

Je le suis sans enthousiasme. Il divise le terrain en différentes sections qu'il inspecte successivement. Mais, soudain, un **tas de**

---

[84] les pierres et les briques des murs = the stones and bricks of the walls
[85] le toit = the roof
[86] une pioche = a pickaxe
[87] une pelle = a shovel

pierres[88] **attire son attention**. Il l'attaque.

Je dois l'aider. Pendant une heure, sous le soleil, nous cherchons inutilement. Mais finalement, sous les pierres, nous trouvons quelque chose : des os[89], un squelette avec des restes de vêtements.

Et soudain je deviens pâle. Je vois une petite **plaque de métal**[90], découpée[91] en forme de rectangle. Sur cette plaque, il me semble distinguer des formes rouges. Je la prends. C'est bien cela : la plaque a les dimensions d'une carte à jouer, et il y a sept formes rouges, percées de trous. C'est un sept de cœur. Oui, un sept de cœur sept fois percé.

- « Écoutez, Daspry, ça suffit ces histoires. C'est bien pour vous si elles vous intéressent. Moi, je m'en vais. »

Est-ce que c'est l'émotion qui provoque chez moi cette réaction ? Est-ce que c'est la fatigue d'un travail dur exécuté sous le soleil ? Ce qui est sûr, c'est que je suis déstabilisé. Je dois me mettre au lit. J'y reste pendant quarante-huit heures, fiévreux[92], obsédé par des visions de squelettes qui dansent autour de moi.

Daspry reste fidèle. Chaque jour, il me donne trois ou quatre heures de son temps. Il en profite en même temps, c'est vrai, pour inspecter encore la grande salle.

- « Les lettres sont là, dans cette salle », dit-il, « j'en suis

---

[88] un tas de pierres attire son attention = a bunch of rocks attracts his attention
[89] ossements (masculin) = bones / remains
[90] une plaque de métal = a metal plate
[91] découper = cut
[92] fiévreux = feverish ; la fièvre = the fever

absolument certain. »

- « **Laissez-moi en paix**[93] », je réponds, irrité.

Le matin du troisième jour, je me lève, assez faible encore, mais guéri[94]. Un bon repas me réconforte. Mais un message que je reçois vers cinq heures termine de me revitaliser complètement. En effet, il active de nouveau ma curiosité.

Voici les mots :

« Monsieur,

*« Le drame dont le premier acte a eu lieu dans la nuit du 22 au 23 juin approche de son dénouement. J'organiserai la confrontation des deux principaux personnages de ce drame et cette confrontation aura lieu chez vous. J'apprécierais beaucoup de pouvoir utiliser votre maison pour la soirée d'aujourd'hui. Il serait bien que, de neuf heures à onze heures, votre servant soit absent, et préférable que vous-même[95] ayez **la grande bonté**[96] d'accepter de ne pas intervenir. Vous avez pu voir, durant la nuit du 22 au 23 juin, que je donne une grande importance au respect de vos objets. Pour ma part, j'ai totalement confiance en vous, je suis absolument certain de votre discrétion. Penser le contraire serait une offense pour vous.*

*« **Votre dévoué**[97],*

« SALVATOR. »

Il y a dans ce message une ironie courtoise[98] et une jolie

---

[93] laissez-moi en paix = leave me in peace
[94] guéri = cured
[95] vous-même = yourself
[96] la grande bonté = the great goodness
[97] votre dévoué = your devoted
[98] courtois(e) = courteous

fantaisie. C'est très plaisant. C'est d'une impertinence charmante, et mon correspondant semble tellement sûr que je vais accepter ! Je souhaite vraiment répondre à la confiance qu'il me donne par de la gratitude.

À huit heures, mon servant sort car je lui ai offert une place de théâtre. Daspry arrive. Je lui montre le message.

- « Et donc **?** » dit-il.

- « Et donc ! Je laisse la porte ouverte pour pouvoir entrer facilement. »

- « Et vous allez partir ? »

- « **Jamais de la vie**[99] ! »

- « Mais, il vous le demande… »

- « Il me demande la discrétion. Je vais être discret. Mais je veux absolument voir ce qui va se dérouler. »

Daspry rit.

- « C'est vrai, vous avez raison, et je reste aussi. Je pense qu'on ne s'ennuiera[100] pas. »

On sonne à la porte.

- « Déjà ? » murmure Daspry, « et vingt minutes en avance ! Impossible. »

J'ouvre la porte. Une silhouette de femme apparait : Mme Andermatt.

---

[99] Expression : jamais de la vie ! = no way!
[100] s'ennuyer = to get bored

Elle semble confuse et suffocante, elle articule mal :

- « Mon mari… il arrive… il a rendez-vous… on doit lui donner les lettres… »

- « Comment le savez-vous ? » lui dis-je.

- « Mon mari a reçu l'information pendant le dîner. »

- « Un message ? »

- « Un message téléphonique. Le servant me l'a donné par erreur. Mon mari l'a pris immédiatement, mais trop tard… j'ai lu. »

- « Vous avez lu… »

- « Cela : *À neuf heures, ce soir, rendez-vous au boulevard Maillot avec les documents qui concernent l'affaire. En échange, les lettres.* »

Je suis sortie juste après le dîner.

- « Est-ce que M. Andermatt vous a vu sortir ? »

- « Non. »

Daspry me regarde.

- « Qu'en pensez-vous ? »

- « Je pense ce que vous pensez : M. Andermatt est un des adversaires convoqués. »

- « Par qui ? Et quel est l'objectif ? »

- « C'est précisément ce que nous allons savoir. Allons dans la grande salle. »

Nous nous cachons dans la cheminée suffisamment grande, derrière son rideau. Mme Andermatt est entre nous deux. Par les fentes du rideau, la salle entière nous est visible.

Neuf heures. Quelques minutes plus tard, la porte grince[101].

J'admets que je suis anxieux et qu'une fièvre nouvelle me surexcite[102]. Je vais bientôt connaître la solution de l'énigme ! L'aventure déconcertante dont les évènements se déroulent chez moi depuis des semaines va finalement avoir une explication claire, et c'est sous mes yeux que la bataille[103] va se passer.

Daspry prend la main de Mme Andermatt et murmure :

- « Surtout, pas un mouvement ! Peu importe ce que vous voyez ou écoutez, restez impassible. »

Quelqu'un entre. Je reconnais immédiatement que c'est Alfred Varin car il ressemble beaucoup à son frère Étienne. Il a une allure similaire et le même visage pâle.

Il entre avec l'apparence d'un homme prudent qui a l'habitude des pièges[104] autour de lui, qui les voit et les évite[105]. Il scanne la salle du regard et j'ai l'impression que la cheminée attire son attention. Il avance dans notre direction. Mais une idée, plus impérieuse sûrement, le distrait, et il tourne pour examiner la mosaïque qui est dans la salle.

Mais brusquement[106], un bruit s'approche. M. Andermatt apparaît.

Le banquier est très surpris, il crie :

---

[101] grincer = to squeak
[102] surexciter – overexcite
[103] une bataille = a battle
[104] un piège = a trap ; piéger = to trap
[105] éviter = avoid (étymologie commune avec inévitable)
[106] brusquement = soudainement (synonymes)

- « Vous ! Vous ! C'est vous qui m'avez appelé ? »

- « Moi ? Mais absolument pas », proteste Varin avec une voix qui me rappelle celle de son frère, « c'est vous qui m'avez envoyé une lettre. »

- « Une lettre ! »

- « Une lettre signée de vous, où vous m'offrez… »

- « Je ne vous ai pas écrit de lettre. »

- « Vous ne m'avez pas écrit ? »

Instinctivement, Varin s'inquiète, pas contre le banquier, mais contre ce fameux ennemi mystérieux. Une seconde fois, il regarde la cheminée, et, rapidement, va en direction de la porte.

M. Andermatt lui bloque le passage.

- « Que faites-vous, Varin ? »

- « Il y a ici des machinations qui ne me plaisent pas. Je m'en vais. Bonsoir. »

- « Un instant ! »

- « Allez[107] ! Monsieur Andermatt, n'insistez pas, nous n'avons rien à nous dire. »

- « Nous avons beaucoup à nous dire et l'opportunité est excellente. »

- « Laissez-moi passer. »

- « Non, non, non, vous ne passerez pas. »

Varin s'arrête, intimidé par l'attitude résolue du banquier, et il

---

[107] Allez ! = Come on!

dit :

- « Alors, causons[108], mais rapidement ! »

Une chose m'étonne[109], et je suis certain que mes deux compagnons ont la même déception. Pourquoi Salvator n'est pas là ? Est-ce qu'il va intervenir ? Ou est-ce que la confrontation du banquier et de Varin lui semble suffisante ? Je suis singulièrement troublé.

Après un moment, M. Andermatt s'approche de Varin, et lui dit, **les yeux dans les yeux**[110] :

- « Des années ont passées, **vous n'avez plus rien à craindre**[111], répondez-moi franchement, Varin. Qu'avez-vous fait de Louis Lacombe ? »

- « Voilà une question curieuse ! Je ne sais pas ce qu'il est devenu ! »

- « Vous le savez ! vous le savez ! Votre frère et vous, vous l'avez traqué. Vous aviez des informations sur son travail, sur tous ses projets. Et le dernier soir, Varin, quand j'ai accompagné Louis Lacombe jusqu'à ma porte, j'ai vu deux silhouettes disparaître dans l'obscurité. J'en suis absolument sûr. C'était votre frère et vous, Varin. »

- « Prouvez-le. »

- « Il y a une excellente preuve. Deux jours plus tard, vous

---

[108] causer = parler
[109] étonner = to surprise
[110] les yeux dans les yeux = eye-to-eye
[111] vous n'avez plus rien à craindre = you have nothing (more) to fear

m'avez montré vous-même les papiers et les plans que vous avez pris dans le dossier de Lacombe. Vous m'avez proposé de me les vendre. Pourquoi vous aviez ces papiers ? »

- « Je vous le répète, monsieur Andermatt, nous les avons trouvés sur la table de Louis Lacombe, le lendemain matin, après sa disparition. »

- « Ce n'est pas vrai. »

- « Prouvez-le. »

- « La justice aurait pu le prouver. »

- « Pourquoi n'avez-vous pas contacté la justice ? »

- « Pourquoi ? Ah ! pourquoi… »

Il **se tait**[112], le visage sombre. Varin lui dit :

- « Monsieur Andermatt, si vous étiez sûr de vous, ce n'est pas la petite menace que nous vous avons faite qui vous aurait empêché… »

- « Quelle menace ? Ces lettres ? Est-ce que vous imaginez vraiment **que j'y ai cru**[113] ?… »

- « Si vous n'avez pas cru à ces lettres, pourquoi m'avez-vous offert tant d'argent pour les récupérer ? Et pourquoi nous avoir cherché si longtemps, mon frère et moi ? »

- « Pour récupérer les plans ! »

- « Allez ! C'était pour les lettres. Une fois en possession des lettres, vous nous auriez dénoncés. »

---

[112] se taire = to shut up
[113] que j'y ai cru = that I believed it

- « Ça suffit ! Nous pourrions répéter les mêmes paroles encore et encore mais nous ne progresserions pas. Par conséquent, terminons maintenant cette conversation. »

- « Non, continuons cette conversation », dit le banquier. « Vous avez mentionné les lettres ! Vous n'allez pas sortir d'ici avant que je les ai récupérées. »

- « Je vais sortir. »

- « Non, non. »

- « Écoutez, monsieur Andermatt, je vous suggère de… »

- « Vous n'allez pas sortir. »

- « C'est ce que nous allons voir », dit Varin avec rage. Mme Andermatt **laisse échapper**[114] un faible cri.

Varin l'entend probablement et essaye de forcer le passage. M. Andermatt le bloque violemment. Alors nous voyons Varin qui entre sa main dans la poche[115] de son vêtement.

- « Une dernière fois ! » dit-il.

- « Les lettres d'abord ! »

Varin prend son revolver et vise M. Andermatt :

- « Oui ou non ? »

Un coup de feu ! L'arme tombe.

Je suis stupéfait. **Le coup de feu a été tiré**[116] juste à côté de moi ! C'est du pistolet de Daspry. Il a fait tomber le revolver de la

---

[114] laisser échapper = let escape / let out
[115] la poche = the pocket
[116] le coup de feu a été tiré = the shot was fired

main d'Alfred Varin !

Et maintenant debout[117] entre les deux adversaires, face à Varin, il rit :

- « Vous avez de la chance, mon ami, beaucoup de chance. J'ai visé la main, et c'est le revolver que j'ai touché. »

Les deux hommes le contemplaient, immobiles et confus. Il dit au banquier :

- « Excusez-moi, monsieur, d'interférer dans ce qui ne me concerne pas. Mais vraiment vous jouez votre partie avec trop de maladresse[118]. Permettez-moi de jouer avec mes cartes. »

Il se tourne vers Varin :

- « Allez, mon ami, je joue le sept de cœur. »

Et, à trois centimètres du nez, il lui approche la plaque métallique où les sept cœurs rouges sont percés.

Je n'avais jamais vu une telle expression de surprise. Livide, les yeux grands ouverts, le visage déformé par l'angoisse[119], l'homme semble hypnotisé par la vision qui s'offre à lui.

- « Qui êtes-vous ? » il articule avec difficulté.

- « Je l'ai déjà dit, un monsieur qui interfère dans ce qui ne le concerne pas... »

- « Que voulez-vous ? »

- « Tout ce que tu as apporté. »

---

[117] debout − standing
[118] la maladresse = clumsiness
[119] une angoisse = an anguish

- « Je n'ai rien apporté. »

- « Si. Tu as reçu ce matin un message. Ce message t'a demandé d'être ici à neuf heures et d'apporter tous les papiers que tu avais. Et tu es ici. Où sont les papiers ? »

Il y a dans la voix de Daspry, il y a dans son attitude, une autorité qui me déconcerte, une manière d'agir nouvelle chez cet homme habituellement nonchalant et doux. Impressionné, Varin désigne l'une de ses poches.

- « Les papiers sont là. »

- « Ils y sont tous ? »

- « Oui. »

- « Il y a tout ce qui était dans le dossier de Louis Lacombe et que tu as vendu au major von Lieben ? »

- « Oui. »

- « Est-ce la copie ou l'original ? »

- « L'original. »

- « Combien veux-tu en échange ? »

- « Cent mille. »

Daspry explose de rire.

- « Tu es fou. Le major t'a donné seulement vingt mille pour ces papiers. Vingt mille perdus, puisque les tests ont échoué[120]. »

- « Impossible d'utiliser les plans. »

- « Les plans sont incomplets. »

---

[120] échouer = to fail

- « Alors, pourquoi me les demandez-vous ? »

- « J'en ai besoin. Je t'en offre cinq mille francs. Pas plus. »

- « Dix mille. Pas moins. »

- « D'accord »

Daspry revient vers M. Andermatt.

- « Merci de signer un chèque, monsieur. »

- « Mais, je n'ai pas… »

- « Votre **carnet de chèques**[121] ? Il est ici. »

Surpris et confus, M. Andermatt regarde le carnet de chèques que lui donne Daspry.

- « C'est mon carnet… Comment est-ce possible ? »

- « Pas de paroles inutiles, s'il vous plaît, cher monsieur, vous devez juste signer. »

Le banquier prend son stylo et signe. Varin avance sa main pour saisir le chèque.

- « Stop », dit Daspry, « tout n'est pas fini ».

Puis il dit au banquier :

- « Il y a aussi des lettres que vous réclamez ? »

- « Oui, une série de lettres. »

- « Où sont-elles, Varin ? »

- « Je ne les ai pas. »

- « Où sont-elles, Varin ? »

---

[121] un carnet de chèques = a checkbook

- « Je l'ignore. C'est mon frère qui avait les lettres. »

- « Elles sont cachées ici, dans cette salle. »

- « Dans ce cas, vous savez où elles sont. »

- « Comment le saurais-je ? »

- « Mon Dieu, parce que c'est vous qui avez visité la cachette ? Vous semblez être aussi bien renseigné[122] que Salvator. »

- « Les lettres ne sont pas dans la cachette. »

- « Elles y sont. »

- « Ouvre-la. »

Varin le regarde avec défiance. Daspry et Salvator sont-ils réellement la même personne, comme tout le suggère ?

- « Ouvre-la », répète Daspry.

- « Je n'ai pas de sept de cœur. »

- « Si, celui-là », dit Daspry. Il lui donne la plaque de métal. Varin recule[123] terrifié :

- « Non… non… je ne veux pas… »

- « Bon, dans ce cas… »

Daspry va en direction de la mosaïque. Il monte sur une chaise et applique le sept de cœur en bas de l'épée[124] du roi. Il fait entrer les sept trous de la carte sur sept des petites pierres de la mosaïque. Alors, un déclenchement[125] se produit et le buste du roi pivote. Cela

---

[122] renseigner = informer
[123] reculer = step back
[124] une épée = a sword
[125] un déclenchement = a trigger

libère une grande ouverture, arrangée comme un coffre.

- « Tu vois, Varin, le coffre est vide. »

- « En effet… Alors mon frère a pris les lettres. »

Daspry regarde l'homme et lui dit :

- « Ne joue pas au plus intelligent avec moi. Il y a une autre cachette. Où est-elle ? »

- « Il n'y en a pas. »

- « Est-ce de l'argent que tu veux ? Combien ? »

- « Dix mille. »

- « Monsieur Andermatt, ces lettres ont-elles une valeur de dix mille francs pour vous ? »

- « Oui », dit le banquier avec conviction.

Varin ferme le coffre, prend le sept de cœur et avec une répugnance visible, l'applique sur le l'épée, juste au même endroit, mais dans la direction opposée. Un second déclenchement se produit. Une partie du coffre pivote. Cela donne accès à un très petit coffre à l'intérieur de la porte du grand coffre.

Les lettres sont là. Varin les donne à Daspry. Celui-ci demande :

- « Le chèque est prêt, monsieur Andermatt ? »

- « Oui. »

- « Est-ce que vous avez aussi le dernier document de Louis Lacombe qui complète les plans du sous-marin ? »

- « Oui. »

L'échange se fait. Daspry reçoit le document ainsi que le

chèque et donne les lettres à M. Andermatt.

- « Voilà ce que vous désiriez, monsieur. »

Le banquier hésite un moment. Il semble avoir peur maintenant de toucher à ces terribles lettres qu'il avait cherchées avec tant de motivation. Puis, avec un geste nerveux, il les saisit.

À côté de moi, je sens Mme Andermatt extrêmement anxieuse. Je prends sa main : elle est glacée[126].

Daspry dit au banquier :

- « Je crois, monsieur, que notre conversation est terminée. Oh ! ne me dites pas merci, s'il vous plaît. Le hasard seul a fait que j'ai pu être utile pour vous. »

M. Andermatt s'en va. Il a les lettres de sa femme écrites pour Louis Lacombe.

- « Magnifique », s'exclame Daspry avec plaisir. « Tout cela est très positif. Nous pouvons terminer notre affaire, cher Varin. Tu as les papiers ? »

- « Oui, ils sont là. »

Daspry les examine avec attention, et les met dans sa poche.

- « Parfait, **tu as tenu parole**[127]. »

- « Mais… »

- « Mais quoi ? »

- « Les deux chèques ?… l'argent ?… »

---

[126] glacé = frozen
[127] tu as tenu parole = you kept your word ; expression : tenir parole

- « Eh bien ! tu es audacieux, mon ami. Tu **oses réclamer**[128] ! »

- « Je réclame **mon dû**[129]. »

- « Tu mériterais quelque chose pour des papiers que tu as volés ? »

L'homme semble furieux. Il tremble de colère.

- « L'argent… les vingt mille… »

- « Impossible… »

- « L'argent !… »

- « Allez, sois raisonnable, laisse ton couteau tranquille. »

Daspry lui prend le bras si brutalement qu'il crie de douleur. Puis Daspry ajoute :

- « Sors d'ici, l'ami. Veux-tu que je t'accompagne ? Nous passerons par le terrain vide, et je te montrerai un tas de pierres sous lequel… »

- « Ce n'est pas vrai ! Ce n'est pas vrai ! »

- « Mais oui, c'est vrai. Cette petite plaque en métal était là-bas. Louis Lacombe l'avait toujours avec lui, tu te rappelles ? Ton frère et toi, vous l'avez enterrée[130] avec le corps… et avec d'autres choses qui vont beaucoup intéresser la justice. »

Bouleversé[131], Varin se cache le visage avec ses poings[132]. Puis il dit :

---

[128] tu oses réclamer = you dare to claim
[129] mon dû = my due
[130] enterrer = to burry ; terre = earth
[131] bouleversé = upset / overwhelmed
[132] un poing = a fist

- « D'accord. **Vous m'avez eu**[133]. N'en parlons plus, le sujet est clos. Un mot cependant… un seul mot, je veux savoir… »

- « J'écoute. »

- « Il y avait dans ce coffre, dans le plus grand des deux, une petite boîte ? »

- « Oui. »

- « Quand vous êtes venu ici, la nuit du 22 au 23 juin, elle y était ? »

- « Oui. »

- « Elle contenait ?… »

- « Tout ce que les frères Varin avaient conservé dedans, une assez jolie collection de bijoux, diamants et perles. »

- « Et vous l'avez prise ? »

- « Bien sûr ! **Mets-toi à ma place**[134]. »

- « Alors… c'est parce qu'il a constaté la disparition de la petite boîte que mon frère s'est suicidé ? »

- « Probable. La disparition de votre correspondance avec le major von Lieben n'était pas suffisante. Mais la disparition de cette boîte… Est-ce que tu as autre chose à me demander ? »

- « Une dernière information : votre nom ? »

- « Tu dis cela comme si tu avais des idées de revanche[135]. »

- « **La chance tourne**[136]. Aujourd'hui vous êtes le plus fort.

---

[133] vous m'avez eu = you got me
[134] Mets-toi à ma place = Put yourself in my shoes
[135] une revanche = a revenge

Demain… »

- « Ce sera toi. »

- « J'en suis sûr. Votre nom ? »

- « Arsène Lupin. »

- « Arsène Lupin ! »

L'homme perd l'équilibre, déstabilisé… Il semble que ces deux mots lui retirent tout espoir. Daspry se met à rire.

- « Ah ! Est-ce que tu imaginais qu'une personne normale aurait pu planifier cette belle affaire ? Seule une personnalité comme un Arsène Lupin est capable de cela. Et maintenant que tu as ton information, mon petit, va préparer ta revanche, Arsène Lupin t'attend. »

Il l'accompagne dehors, jusqu'à la porte.

- « Daspry, Daspry ! » dis-je, utilisant encore malgré moi le nom avec lequel je l'ai connu.

J'ouvre le rideau. Il arrive en courant.

- « Quoi ? Qu'est-ce qu'il y a ? »

- « Madame Andermatt est souffrante. »

Il me questionne :

- « Et donc ! Que s'est-il passé ? »

- « Les lettres », lui dis-je… « les lettres de Louis Lacombe que vous avez données à son mari ! »

Il se **frappe le front**[137].

---

[136] Expression : la chance tourne = luck runs out

- « Elle croit que j'ai fait cela… Mais oui, c'est vrai, elle peut penser cela. Je suis idiot ! »

Mme Andermatt, ranimée, l'écoute avec intérêt. Il prend dans son portefeuille des lettres très similaires à celles que Daspry a donné à M. Andermatt.

- « Voilà vos lettres, madame, les vraies. »

- « Mais… les autres ? »

- « Les autres sont les mêmes que celles-ci, mais recopiées[138] par moi, cette nuit, et méticuleusement arrangées. Votre mari sera content de les lire. Il ne suspectera pas la substitution, puisque tout s'est déroulé face à lui… »

- « Mon écriture… »

- « Il n'y a pas d'écriture impossible à imiter. »

Elle le remercie, avec grande gratitude et respect. Je vois qu'elle n'a pas entendu les dernières phrases échangées entre Varin et Arsène Lupin.

Moi, je le regarde, un peu embarrassé. Je ne sais pas quoi dire à cet ancien ami qui se révèle à moi de cette manière. Lupin ! c'est Lupin ! Mon ami est Arsène Lupin ! Je suis sous le choc. Mais lui, très à l'aise :

- « Vous pouvez dire adieu[139] à Jean Daspry. »

- « Ah ! »

---

[137] il se frappe le front = he hits his forehead
[138] recopier = to recopy
[139] adieu = goodbye

- « Oui, Jean Daspry part en voyage. Je l'envoie au Maroc. »

- « Mais Arsène Lupin reste-t-il ? »

- « Oh ! bien sûr. Arsène Lupin est encore au début de sa carrière, et il a l'intention de… »

Un mouvement de curiosité irrésistible m'anime. Je tire Arsène Lupin à distance de Mme Andermatt :

- « Donc vous avez réussi à découvrir la seconde cachette, celle où étaient les lettres ? »

- « C'était difficile ! C'est hier seulement, durant l'après-midi, pendant que vous dormiez. Et pourtant, c'était si simple ! Mais les choses les plus simples sont celles auxquelles on pense en dernier. »

Il me montre le sept de cœur :

- « J'ai rapidement deviné[140] que pour ouvrir le grand coffre, il était nécessaire de poser cette carte contre l'épée du roi en mosaïque… »

- « Comment avez-vous deviné cela ? »

- « Je suis venu ici, le 22 juin au soir… »

- « Après avoir passé la soirée avec moi… »

- « Oui, je sais que vous êtes assez nerveux et impressionnable. Après notre conversation vous étiez dans un état d'esprit de peur. Vous avez donc fait tout ce que je vous ai demandé. »

- « Le raisonnement était juste. »

---

[140] deviner = to guess

- « Je savais, lorsque je suis venu, qu'il y avait une petite boîte cachée dans un coffre secret, et que le sept de cœur en était la clé. Il était donc nécessaire de plaquer ce sept de cœur au bon endroit. Une heure d'examen m'a été suffisante. »

- « Une heure ! »

- « Observez l'homme en mosaïque. »

- « Le vieux roi ? »

- « Ce vieux roi est la représentation exacte du roi de cœur de tous les jeux de cartes, Charlemagne[141]. »

- « C'est vrai… Mais pourquoi le sept de cœur ouvre-t-il le grand coffre ainsi que le petit coffre ? Et pourquoi avez-vous ouvert uniquement le grand coffre d'abord ? »

- « Pourquoi ? Parce que je me suis obstiné à toujours pl acer mon sept de cœur dans la même direction. C'est uniquement hier que j'ai trouvé la solution ! »

- « Incroyable ! »

- « Évidemment, mais il fallait y penser. »

- « Autre chose : vous n'étiez pas informé de l'histoire des lettres avant que madame Andermatt… »

- « Parle des lettres devant moi ? Oui. J'avais uniquement découvert dans le coffre la correspondance des deux frères en plus de la petite boîte. Cette correspondance m'a fait découvrir leur

---

[141] Charlemagne was King of the Franks from 768, King of the Lombards from 774, and Emperor of the Romans from 800. During the Early Middle Ages, Charlemagne united the majority of western and central Europe.

trahison. »

- « Finalement, c'est par chance que vous avez eu l'opportunité de reconstituer l'histoire des deux frères, puis de rechercher les plans et les documents du sous-marin ? »

- « Par chance. »

- « Mais, quel était l'objectif de votre recherche ? »

Daspry m'interrompt en riant :

- « Mon Dieu ! Cette affaire vous intéresse ! »

- « Elle me passionne. »

- « Très bien ! Je dois accompagner madame Andermatt et envoyer à l'*Écho de France* la note que je vais écrire. Je reviendrai tout à l'heure et nous entrerons dans le détail. »

Il s'assoit et écrit la note.

« Arsène Lupin a résolu le problème que Salvator a mentionné récemment. En possession des documents et plans originaux de l'ingénieur Louis Lacombe, il les a envoyés au ministre de la Marine. À cette occasion, il ouvre une souscription pour offrir à l'État le premier sous-marin construit avec les plans. De plus, il participe lui-même à cette souscription pour la somme de vingt mille francs. »

- « Les vingt mille francs des chèques de monsieur Andermatt ? » je lui dis, en lisant le papier.

- « Précisément. Il est équitable que Varin paye en partie sa trahison. »

Et voilà comment j'ai connu Arsène Lupin. C'est comme cela

que j'ai découvert que Jean Daspry, membre de mon cercle social, était en réalité Arsène Lupin, gentleman-cambrioleur. C'est comme cela que j'ai développé une amitié[142] avec notre grand homme, et c'est comme cela que peu à peu, grâce à la confiance dont il m'honore, je suis devenu son très humble, très loyal et très reconnaissant[143] historiographe.

---

[142] une amitié = a friendship
[143] reconnaissant = grateful

Chapitre IV

Le coffre-fort[1] de madame Imbert

À trois heures du matin, il y a encore six voitures devant un des petits hôtels localisés sur le boulevard Berthier. La porte de cet hôtel s'ouvre. Un groupe d'invités, hommes et dames, sortent. Quatre voitures s'en vont à droite et à gauche et il reste sur l'avenue seulement deux messieurs qui se séparent à l'intersection avec la rue de Courcelles, où habite l'un d'eux. L'autre décide de retourner chez lui à pied jusqu'à la **porte Maillot**[2].

Il passe par l'avenue de Villiers et continue sa route sur le

---

[1] un coffre-fort = a safe / safety deposit box
[2] the "Porte Maillot" is one of the access points into Paris

trottoir[3]. Durant cette belle nuit d'hiver, pure et fraîche, il y a plaisir à marcher. On respire bien.

Mais après quelques minutes, il a l'impression désagréable que quelqu'un le suit. De fait, lorsqu'il se retourne pour regarder derrière, il remarque dans l'obscurité un homme en mouvement qui se cache entre les arbres. Il n'est pas peureux ; cependant il accélère sa cadence pour arriver le plus vite possible Place des Ternes. Mais l'autre homme accélère aussi. Assez inquiet, il considère plus prudent de lui faire face et de sortir son revolver.

Il n'a pas le temps, l'homme l'attaque violemment, et immédiatement un combat s'engage sur le boulevard désert, confrontation physique dans laquelle il sent rapidement qu'il a le désavantage. Il appelle au secours, résiste, mais il est poussé contre un tas de pierres, attaqué à la gorge, la bouche bloquée avec un tissu. Ses yeux se ferment, il va s'évanouir, lorsque soudain l'homme arrête son attaque, car il doit se défendre à son tour contre une attaque imprévue[4].

Quelques **échanges de coups**[5], l'homme cri de douleur et s'échappe en boitant[6] et en insultant.

Le nouvel arrivant ne le suit pas, il s'arrête et dit :

- « Êtes-vous blessé[7], monsieur ? »

Il n'est pas blessé, mais encore sous le choc et incapable de se

---

[3] le trottoir = the sidewalk
[4] imprévu = inattendu = unexpected
[5] échanges de coups = exchanges of blows
[6] boiter = to limp
[7] blesser = to hurt

mettre debout. Par chance, un employé municipal, attiré par les cris, arrive. Une voiture est demandée. Le monsieur y prend place accompagné de son sauveur, et on l'accompagne à son hôtel de l'avenue de la Grande-Armée.

Devant la porte, il est en meilleure forme, il remercie sincèrement :

- « Vous m'avez sauvé la vie, monsieur, je ne l'oublierai jamais. Je ne veux pas effrayer ma femme en ce moment, mais je veux qu'elle vous exprime aussi elle-même, dès aujourd'hui, toute ma gratitude. »

Il lui demande de venir déjeuner et lui dit son nom : Ludovic Imbert, et ajoute :

- « Puis-je savoir à qui j'ai l'honneur ? »

- « Mais certainement », dit l'autre.

Et il se présente :

- « Arsène Lupin. »

Arsène Lupin n'a pas encore à ce moment-là cette célébrité qu'il va acquérir avec l'affaire Cahorn, son évasion de la prison de la Santé, et beaucoup d'autres exploits sensationnels. En fait, c'est la première fois qu'il utilise ce nom qui deviendra fameux dans le futur. Il l'invente à cette occasion pour donner un nom au sauveur de M. Imbert. On peut dire que c'est dans cette affaire qu'il reçoit son **baptême du feu**[8]. Prêt au combat, il est vrai, bien armé, mais

---

[8] Expression : le baptême du feu = baptism of fire (= la première expérience formatrice)

sans ressources, sans l'autorité que donne le succès. Arsène Lupin est seulement un apprenti dans une profession où il va devenir maître[9].

Donc, quelle joie le lendemain matin quand il se prépare pour l'invitation ! Enfin il s'approche de son objectif ! Enfin il entreprend une mission **à la hauteur**[10] de son talent ! Les millions de francs des Imbert, quel client magnifique pour un appétit **tel que**[11] celui d'Arsène Lupin.

Il met ses plus beaux vêtements pour cette occasion. Il est propre et élégant. Cependant, la qualité de ses vêtements laisse deviner sa situation économique difficile. Une fois habillé, il descend l'escalier de l'appartement qu'il habite à Montmartre. Au troisième étage, sans s'arrêter, il frappe avec sa canne sur une porte fermée. Dehors, il arrive sur le boulevard. Un tramway passe. Il entre à l'intérieur, et quelqu'un marchant derrière lui, la personne qui habite au troisième étage, s'assoit à côté de lui.

Après un instant, cet homme lui dit :

- « Et donc, boss ? »

- « Et donc ! C'est fait. »

- « Comment ? »

- « J'y déjeune. »

- « Vous y déjeunez ! »

- « Tu ne penses pas, j'espère, que j'ai risqué ma vie

---

[9] maître = master
[10] à la hauteur = at the height
[11] tel que = such as

gratuitement ? J'ai protégé M. Ludovic Imbert contre la mort certaine que tu allais lui infliger. Ah ah. M. Ludovic Imbert est un homme plein de gratitude. Il m'invite à déjeuner. »

Un silence, et l'autre dit :

- « Alors, vous ne renoncez pas ? »

- « Mon petit », dit Arsène, « j'ai planifié la petite agression de cette nuit. J'ai été dans l'obligation, à trois heures du matin, le long des fortifications, de te frapper de plusieurs coups. J'ai risqué de causer des dommages à mon unique ami, ce n'est pas pour renoncer maintenant. »

- « Mais les rumeurs concernant cette fortune… »

- « Laisse les rumeurs. Il y a six mois que je suis sur cette affaire, six mois que je collecte des informations, que j'analyse, que je prépare mon offensive, que je questionne les servants et les relations du couple, six mois que je les observe. Par conséquent, je peux anticiper. La fortune peut venir du vieux Brawford, comme ils l'affirment, ou d'une autre source, je suis sûr qu'elle existe. Et puisqu'elle existe, elle est à moi. »

- « Cent millions ! »

- « Même dix, ou cinq, cela n'a pas d'importance ! Il y a beaucoup **d'actions financières**[12] dans le coffre-fort. Je suis sûr que je vais réussir à en obtenir la clé. »

Le tramway s'arrête **place de l'Étoile**[13]. L'homme murmure :

---

[12] une action (financière) = a stock exchange
[13] La place de l'Étoile est l'endroit où est l'Arc de Triomphe.

- « Et donc, maintenant ? »

- « Pour le moment, rien à faire. Je te tiens au courant. Nous avons le temps. »

Cinq minutes après, Arsène Lupin monte le somptueux escalier de l'hôtel Imbert et Ludovic le présente à sa femme. Gervaise est une bonne petite dame, de forte corpulence, très loquace. Elle fait à Lupin une excellent accueil[14].

- « Je veux que nous soyons seuls pour fêter notre sauveur », dit-elle.

Et immédiatement on commence à traiter « notre sauveur » comme un vieil ami. Au dessert, la familiarité est totale, des confidences sont faites. Arsène raconte sa vie, la vie de son père, un magistrat honnête, les problèmes de son enfance, les difficultés du présent. Gervaise, à son tour, raconte sa jeunesse[15], son mariage, la grande bonté du vieux Brawford, les cent millions dont elle a hérité, les obstacles qui les bloquent pour les obtenir, les emprunts qu'elle a été obligé de contracter avec des **taux d'intérêts**[16] exorbitants, ses interminables conflits avec les neveux de Brawford, et les oppositions ! Tout cela !

- « Pensez, monsieur Lupin, les actions financières sont là, à côté, dans le bureau de mon mari, dans notre coffre-fort, et nous ne pouvons pas les toucher. »

Un léger tremblement secoue[17] M. Lupin lorsqu'il apprend

---

[14] un accueil / une réception = a welcome
[15] la jeunesse = the youth
[16] un taux d'intérêt = a rate of interest

que les actions financières sont juste à côté de lui.

- « Ah ! Elles sont là », murmure-t-il.

- « Elles sont là. »

Des relations initiées avec une telle proximité peuvent uniquement continuer à former des liens[18] plus forts. Délicatement questionné, Arsène Lupin admet sa misère, sa détresse. Immédiatement, le pauvre garçon est nommé secrétaire personnel des deux époux, avec un salaire de cent cinquante francs par mois. Il continue à habiter chez lui, mais il vient chaque jour prendre les ordres de travail et, pour plus de commodité, on met à sa disposition, comme cabinet de travail, une des chambres du deuxième étage.

Il choisit, par pure coïncidence sans doute… la chambre qui se trouve juste au-dessus du bureau de Ludovic.

Arsène remarque rapidement que son poste de secrétaire ressemble furieusement à une sinécure. Pendant deux mois, il a juste quatre lettres insignifiantes à recopier, et il n'est appelé qu'une seule fois dans le bureau de son chef. Cette fois-là, il contemple officiellement le coffre-fort. De plus, il note qu'il n'est pas invité à être présent lors de la réception du député.

Ce n'est pas un problème pour lui car il préfère conserver sa modeste petite place dans l'obscurité, conserver ses distances, heureux et libre. De plus, il ne perd pas son temps. Il fait un certain nombre de visites clandestines dans le bureau de Ludovic, et

---

[17] Un léger tremblement secoue = A light trembling shakes ; secouer = to shake
[18] un lien = a link

examine le coffre-fort, qui reste cependant hermétiquement fermé. C'est un énorme bloc d'acier[19], contre lequel tous ses outils[20] sont inutiles.

Arsène Lupin n'est pas têtu[21].

« Si la force échoue, l'intelligence réussira », pense-t-il. « L'essentiel est de pouvoir observer et entendre. »

Il prend donc les mesures nécessaires, et après un long et méticuleux travail dans le parquet de sa pièce, il introduit un tube de plomb qui arrive au plafond[22] du bureau. Par ce tube acoustique et une **lunette d'approche**[23], il espère voir et entendre.

À partir de ce moment, il réalise beaucoup d'observations. Il voit fréquemment les Imbert en conférence devant le coffre-fort, qui consultent des registres et travaillent sur des dossiers. Quand ils tournent successivement les quatre boutons du verrou, il essaye, pour savoir le code, d'entendre combien de tours ils font. Il observe leurs gestes, il écoute leurs paroles.

Un jour, il descend rapidement car il a vu les Imbert sortir de la pièce sans refermer le coffre. Il entre résolument, mais ils étaient déjà revenus.

- « Oh ! excusez-moi », dit-il, « c'est la mauvaise porte ». Mais Gervaise se précipite et lui dit :

- « Entrez donc, monsieur Lupin, entrez, vous êtes ici chez

----

[19] acier = steel
[20] un outil = a tool
[21] têtu = stubborn
[22] le plafond = the ceiling
[23] une lunette d'approche = a spotting scope

vous. Vous allez nous donner un conseil[24]. Quelles actions financières devons-nous vendre ? »

- « Mais l'opposition ? » objecte Lupin, très surpris.

- « Oh ! Elle ne concerne pas toutes les actions. »

Elle saisit une action. Mais son mari proteste.

- « Non, non, Gervaise, ce serait de la folie de vendre cette action. Sa valeur va monter… Regarde celle-ci plutôt, sa valeur est au maximum. Qu'en pensez-vous, mon cher ami ? »

Le cher ami n'a aucune opinion, cependant il conseille aussi de vendre le titre recommandé par Ludovic. Alors, l'après-midi, accompagnés de leur secrétaire Arsène Lupin, ils font vendre ce titre par un agent de change et touchent 46,000 francs.

Malgré l'accueil de Gervaise, Arsène Lupin ne se sent pas chez lui. Au contraire, sa situation dans l'hôtel Imbert l'impressionne toujours. À diverses occasions, il remarque que les servants ignorent son nom. Ils l'appellent monsieur. Ludovic le désigne toujours de cette manière : « Vous informerez monsieur… Est-ce que monsieur est arrivé ? »

De plus, après l'enthousiasme du début, les Imbert lui parlent **à peine**[25]. Lorsqu'ils s'adressent à lui, ils continuent de le traiter avec le respect dû à un sauveur, mais ils lui parlent rarement ! Il semble qu'on le considère comme un homme original qui n'apprécie pas les visites et on respecte son isolement. On considère que c'est une

---

[24] un conseil = an advice
[25] à peine = barely

règle définie par lui, un caprice de sa part. Une fois, il passe dans le vestibule et il entend Gervaise qui dit à deux messieurs :

« C'est un sauvage ! »

D'accord, pense-t-il, je suis un sauvage. Il ne donne pas d'importance à cela. Il continue l'exécution de son plan. Il a maintenant la certitude qu'il ne peut pas espérer une erreur d'inattention de Gervaise. Elle conserve toujours la clé du coffre et ne sort jamais du bureau sans avoir modifié la combinaison du code. Il va devoir agir malgré cela.

Un évènement précipite les choses : la violente campagne menée contre les Imbert par certains journaux. Ils sont accusés de fraude. Arsène Lupin observe les différents évènements du drame, l'agitation du couple, et il comprend que s'il attend plus longtemps, il va tout perdre.

Cinq jours **de suite**[26], au lieu de sortir vers six heures comme il en a l'habitude, il s'enferme[27] dans sa pièce. On suppose qu'il est sorti. Lui, grâce au tube dans le parquet, observe le bureau de Ludovic.

Les cinq soirs, la circonstance favorable qu'il attend n'apparaît pas, il rentre chez lui au milieu de la nuit. Pour cela, il passe par la petite porte de la cour dont il a la clé.

Mais le sixième jour, il apprend que les Imbert, en réponse aux insinuations de leurs ennemis, ont proposé d'ouvrir le coffre pour en faire l'inventaire.

---

[26] de suite = in a row
[27] s'enfermer = lock oneself

« C'est pour ce soir », pense Lupin.

Et en effet, après le dîner, Ludovic s'installe dans son bureau. Gervaise le rejoint. Ils consultent les registres du coffre.

Une heure passe, puis une autre heure. Il entend les servants qui vont dormir. Maintenant il n'y a plus personne au premier étage. Minuit. Les Imbert continuent leur travail.

- « J'y vais », murmure Lupin.

Il ouvre sa fenêtre et observe la cour qui est obscure. Il prend dans son armoire une corde qu'il attache au balcon. Il descend doucement, jusqu'à la fenêtre située au-dessous de la sienne. C'est celle du bureau. Les rideaux masquent la pièce. Debout sur le balcon, il reste un moment immobile, en alerte.

Tranquillisé par le silence, il pousse légèrement les portes de la fenêtre. Si personne n'a vérifié, elles doivent s'ouvrir car pendant l'après-midi, Lupin a tourné la poignée de manière à pouvoir entrer.

Les portes commencent à s'ouvrir. Alors, avec des précautions infinies, il ouvre davantage[28], juste assez pour glisser[29] sa tête à l'intérieur.

Il voit Gervaise et Ludovic assis à côté du coffre.

Ils échangent de rares paroles, concentrés sur leur travail. Arsène calcule la distance qui le sépare d'eux, établit les mouvements exacts qu'il doit faire pour les neutraliser, avant qu'ils puissent appeler au secours. Il est sur le point d'agir, lorsque

---

[28] davantage = plus
[29] glisser = to slide / slip

Gervaise dit :

- « **La pièce s'est refroidie**[30] depuis un instant ! Je vais dormir. Et toi ? »

- « Je veux finir. »

- « Finir ! Mais tu en as pour toute la nuit. »

- « Mais non, une heure maximum. »

Elle sort de la pièce. Vingt minutes, trente minutes passent. Arsène pousse la fenêtre un peu plus. Les rideaux bougent. Il pousse encore. Ludovic se tourne, et voit **les rideaux gonflés par le vent**[31]. Il se lève pour fermer la fenêtre…

Il n'y a pas de cri, pas même une apparence de combat. En quelques gestes précis, et sans lui faire grand mal, Arsène l'assomme[32], lui enveloppe la tête avec le rideau et l'attache. Ludovic n'a même pas distingué le visage de son agresseur.

Puis, rapidement, il va en direction du coffre, prend deux portefeuilles, sort du bureau, descend l'escalier, passe par la cour, et ouvre la porte de service. Une voiture l'attend dans la rue.

- « Prends cela », dit-il au conducteur[33] « et suis-moi. »

Il retourne jusqu'au bureau. En deux voyages, ils vident le coffre. Puis Arsène remonte dans sa chambre, prend la corde, efface toute trace de son passage. C'est fini.

Quelques heures après, Arsène Lupin, avec l'assistance de son

---

[30] se refroidir = devenir froid
[31] Les rideaux gonflés par le vent = The curtains swollen by the wind
[32] assommer = to knock out
[33] le conducteur = the driver

compagnon, consulte le contenu[34] des portefeuilles. Il n'a aucune déception lorsqu'il voit que la fortune des Imbert n'a pas la grandeur imaginée par le public. Il a anticipé cela. Il n'y a pas des centaines de millions, ni même des dizaines de millions. Mais le total est une somme très respectable.

Il se déclare satisfait.

Le lendemain, Arsène pense qu'aucune raison ne l'empêche de retourner à l'hôtel Imbert. Mais dans les journaux il lit cette nouvelle : *Ludovic et Gervaise ont disparu.*

L'ouverture du coffre a lieu en grande solennité. Les magistrats trouvent ce qu'Arsène Lupin a laissé… presque rien.

Voilà les faits de cette histoire, voilà l'explication donnée par Arsène Lupin. C'est lui-même qui me l'a racontée, un jour de confidence.

Ce jour-là, il marche en cercles dans mon cabinet de travail, et ses yeux ont une expression nouvelle chez lui.

- « Finalement », je lui dis, « c'est votre plus belle affaire ? »

Sans me répondre directement, il continue :

- « Il y a dans cette affaire des secrets impénétrables. Même après l'explication que je vous ai donnée, il y a encore des zones obscures ! Pourquoi cette fuite[35] des Imbert ? Il était simple de dire : *Les cent millions étaient dans le coffre, ils n'y sont plus parce que quelqu'un les a volés.* »

---

[34] le contenu = the content
[35] la fuite = the flight / the escape

- « Ils sont devenus fous. »

- « Oui, voilà, ils sont devenus fous… **D'autre part**[36], il est vrai que… »

- « Il est vrai que ?… »

- « Non, rien. »

Que signifie cette réticence ? Il n'a pas tout dit, c'est visible, par répugnance. Je suis intrigué. La chose doit être importante pour provoquer de l'hésitation chez un homme comme Arsène Lupin.

Je continue à le questionner…

- « Est-ce que vous êtes entrés en contact après ? »

- « Non. »

- « Et avez-vous senti de la pitié[37] pour eux ? »

- « Moi ! » répond-t-il très surpris.

Sa révolte m'étonne. Est-ce que j'ai touché un point sensible ? J'insiste :

- « Oui, avez-vous des remords[38] ? »

- « Des remords, c'est ce que vous croyez, n'est-ce pas ? »

- « Eh bien… »

Il frappe violemment sur ma table.

- « Ainsi, selon vous, je dois avoir des remords ? »

- « Appelez cela des remords ou des regrets, bref, un

---

[36] d'autre part = on the other hand
[37] la pitié = the pity
[38] un remord = a remorse

sentiment en tout cas… »

- « Un sentiment pour des gens à qui… »

- « Pour des gens à qui vous avez volé une certaine fortune. »

- « Quelle fortune ? »

- « Enfin… ces actions financières… »

- « Ces actions ! Je leur ai volé beaucoup d'actions, n'est-ce pas ? Une partie de leur héritage ? Voilà ma faute ? Voilà mon crime ? Mais, mon cher, vous n'avez pas deviné qu'elles étaient fausses, ces actions ?… »

Je le regarde, abasourdi[39].

- « Faux, les quatre ou cinq millions ? »

- « Faux », s'écrie-t-il avec rage, « complètement faux ! Du papier, uniquement du papier ! Pas un franc, je n'ai pas obtenu un franc de tout le bloc ! Et vous me demandez d'avoir des remords ? Mais c'est eux qui doivent en avoir ! Ils m'ont piégé comme un novice ! Ils m'ont eu ! depuis le début ! »

Une réelle colère l'agite, je sens son ego blessé quand il poursuit :

- « Savez-vous le rôle que j'ai joué dans cette affaire ? ou plutôt le rôle qu'ils m'ont fait jouer ? Le rôle d'André Brawford ! Oui, mon cher, et je n'ai rien vu venir ! C'est après, en lisant les journaux, et avec certains détails additionnels, que j'ai compris. Ils m'ont traité comme un sauveur, comme un « monsieur » qui a

---

[39] abasourdi = stunned

risqué sa vie pour sauver monsieur Imbert, mais devant les autres, ils ont prétendu que j'étais un des Brawford ! N'est-ce pas admirable ? Cet homme original qui a sa chambre au deuxième étage, ce sauvage que l'on montre de loin, c'était Brawford, et Brawford, c'était moi ! Et grâce à moi, grâce à la confiance que j'ai inspiré sous le grand nom de Brawford, les banquiers ont **fait des prêts**[40] ! Vraiment, quelle école pour un novice ! Ah ! Je vous promets que la leçon m'a été utile ! »

Il s'arrête soudain, me prend le bras, et il me dit d'un ton exaspéré mais dans lequel on sent, cependant, des nuances d'ironie et d'admiration, il me dit cette phrase ineffable :

- « Mon cher, à l'heure actuelle, Gervaise Imbert **me doit**[41] mille-cinq-cents francs ! »

Je ne peux pas m'empêcher de rire. C'était vraiment d'une dérision supérieure. Et lui-même sourit finalement avec gaieté.

- « Oui, mon cher, mille-cinq-cents francs ! Non seulement je n'ai eu aucun salaire, mais de plus, elle m'a fait un emprunt de mille-cinq-cents francs, peu de temps avant l'étape finale du drame ! Toutes **mes économies**[42] de jeune homme ! Et voulez-vous connaître la raison qu'elle m'a donnée ? Pour offrir cette liquidité urgente aux pauvres. »

- « C'est assez drôle, non ? Arsène Lupin volé de mille-cinq-cents francs, et volé par la bonne dame à laquelle il a volé quatre

---

[40] faire un prêt = prêter de l'argent = to give a loan
[41] elle me doit = she owes me
[42] mes économies = my savings

millions de fausses actions ! De nombreux[43] efforts et stratagèmes ont été nécessaires pour arriver à ce beau résultat ! »

« C'est la seule fois que j'ai été piégé dans ma vie. Mais vraiment ! Proprement, dans les règles de l'art !... »

---

[43] de nombreux = many (/numerous)

FIN DE LA PARTIE 2

Bravo pour la lecture de ce livre et pour ta progression en français ! Si tu souhaites continuer en lisant la partie 3, tu peux me contacter par email : frederic.de.choulot@gmail.com

J'espère que tu as aimé et j'aimerais connaître ton opinion par commentaire sur amazon avec ce lien : https://amzn.to/3tTeVQs

LES AUTRES ADAPTATIONS DISPONIBLES :

https://amzn.to/3jwSZ9j

- Les Trois Mousquetaires, d'Alexandre Dumas, partie 1
- Les Fourberies de Scapin, de Molière, complet
- Arsène Lupin, de Maurice Leblanc, partie 1 et 2
- Le Comte de Monte-Cristo, d'Alexandre Dumas, partie 1
- Les Misérables, de Victor Hugo, partie 1
- Candide, de Voltaire, partie 1
- Madame Bovary, de Gustave Flaubert, partie 1
- Bel-Ami, Guy de Maupassant, partie 1
- Biographie de Napoléon, partie 1
- Les Liaisons dangereuses, Choderlos de Laclos, partie 1

Manufactured by Amazon.ca
Acheson, AB

13653043R00063